植民地朝鮮と衡平運動

朝鮮被差別民のたたかい

Mizuno Naoki
水野直樹……【編】

解放出版社

まえがき

水野直樹

今年（二〇二三年）四月は、衡平《ヒョンピョン》社《サ》創立から一〇〇年目に当たる。朝鮮社会において「白丁《ペクチョン》」として厳しい差別を受けてきた人びとが差別からの解放、人権の確立、そして生活の安定・向上を求めて衡平社を組織したのは、一九二三年四月二五日のことだった（四月二五日が創立記念日とされていたので、それに従うこととする）。その後、一九三五年に大同《テドン》社《サ》に名称を変えながら、一九四〇年まで衡平運動が展開された。その間には、日本の水平運動との交流・提携が模索されたため、衡平運動に関しては日本においても関心が持たれてきた。

植民地支配からの解放後、衡平運動は再開されることがなく、それに関する調査・研究もごくわずかな成果が発表されただけだった。しかし、韓国における民主化の進展のなかで、一九八〇年代以降、衡平運動の歴史を明らかにし、それを人権確立のための歴史的経験として位置づける動きが盛んになった。韓国での動きに合わせる形で、日本においても衡平運動に対する関心が一定の広がりを示してきた。

二〇一三年に一般社団法人部落解放・人権研究所の事業の一環として、衡平運動に関連する官憲史料を翻刻した史料集を編集することを主な目的として衡平社史料研究会が組織された。同研究会は、二〇一六年四月に一冊目の史料集（部落解放・人権研究所衡平社史料研究会編、金仲燮・水野直樹監修『朝鮮衡平運動史料集』解放出版社）を発刊した後、朝鮮衡平運動史研究会（共同代表金仲燮・水野直樹）に改称して、引き続き史料の収集・翻刻とともに調査研究をおこない、二〇二一年二月に

二冊目の史料集（部落解放・人権研究所朝鮮衡平運動史研究会編、金仲燮・水野直樹監修『朝鮮衡平運動史料集・続』解放出版社）を出した。

これら史料集の編集・刊行によって、衡平運動の歴史に関して新しい事実の発掘や新たな解釈ができるようになった。それらの成果を盛り込む一方で、創立一〇〇年を迎えた衡平社とその運動の歴史的意義を明らかにしたいと考え、本書を企画した。

本書は、水野が編者となっているが、朝鮮衡平運動史研究会の会員に執筆を分担していただき、編集・校正などにも協力していただいた。したがって、同研究会の成果というべきものである。

ただし、本書は学術的な研究論文を集めたものではなく、衡平運動の展開が理解できるような形で編集し、二〇ページ前後の論考七編、五ページ前後のコラム一六編によって構成している。論考では衡平運動の流れに沿いながら新たな事実や解釈が示されている。またコラムでは、衡平運動の諸側面やそれをめぐる社会、文化の様相、さらに在日朝鮮人や日本の水平運動との関係などを取り上げている。とくに「白丁」や衡平運動を描いた文学作品や映画を紹介するコラムを設けたのは、これまでにない試みといってよい。

論考やコラムは、それぞれ独立したものとして書かれているため、重複する部分があったり、解釈や評価などで異なる点があったりするが、強いて調整を図ることはしなかった。この点、読者のご了解をお願いしたい。

衡平運動の歴史を知ることは、朝鮮社会やその歴史に対する理解を深めるとともに、日本と朝鮮との関係のなかでも注目すべき歴史があったことを知ることにもなる。本書がそのための一助になることを願っている。

衡平社創立一〇〇周年に合わせて本書を刊行するが、衡平運動に関する調査・研究がこれで終止符を打たれるものではないことは、いうまでもない。今後も衡平運動に関して研究を深めていく必要がある。本書がそのためのワン・ステップになれば、幸いである。

なお、朝鮮衡平運動史研究会では、現在、三冊目の史料集の編集を進めており、来年（二〇二四年）春に刊行する予定であることを付け加えておきたい。

最後に、凡例的なことがらを書いておくことにする。

（1）『史料集』『史料集・続』の記載方法

『朝鮮衡平運動史料集』『朝鮮衡平運動史料集・続』を典拠として示す場合は、それぞれ『史料集』『史料集・続』と略記する。また、史料集に収録されている新聞記事や官憲史料を本文中で記載する際には、新聞の日付などの後に＝『史料集』〇〇頁などと記している。たとえば、（『朝鮮日報』一九二三年四月三〇日＝『史料集・続』一一八頁）というような記載法をとっている。

（2）『東亜日報』記事の典拠

一九二八年までの『東亜日報』記事を典拠とする場合は、『史料集・続』ではなく池川英勝氏（故人）の訳文によっている（池川英勝「東亜日報（一九二三〜二八年）にみられる朝鮮衡平運動記事」『朝鮮学報』第六〇輯・第六二輯・第六四輯、一九七一年・一九七二年）。

（3）「白丁」の表記

各論考・コラムでは、最初にカッコつきの「白丁」と記した後、カッコなしの白丁、あるいは旧「白丁」、「白丁出身者」など、執筆者によってそれぞれ書き方が違っているが、全体の統一は図らなかった。

（4）史料の引用

官憲史料などの引用にあたっては、原文のカタカナをひらがなに改め、適宜、句読点・濁点を加えた。また、難読漢字にはルビをふった。引用文中には鮮人、内鮮、穢多などの差別的表現が見られるが、歴史的な意味合いがあるのでそのままとした。

（5）朝鮮人名の読み

朝鮮語による読みをルビでふったが、姓と名を別々に発音することを原則としている。たとえば、張志弼は姓名を続けて読むと「チャンジピル」となるが、別々に読んだ場合は「チャン チピル」というような発音になる。本書では後者の読みをとることを原則とした。

（6）参考文献

論考・コラムを執筆するに際して参考にした主な文献（日本語文献を主とする）は、それぞれの文末にあげたが、衡平運動に関して日本語で読める単行本をここに記しておく。

・金永大著〈『衡平』翻訳編集委員会編訳〉『朝鮮の被差別民衆――「白丁」と衡平運動』解放出版社、一九八八年
・大阪人権歴史資料館編刊『衡平社と水平社――朝鮮と日本の反差別運動』一九九三年
・衡平運動七〇周年記念事業会編〈民族教育文化センター訳〉『朝鮮の「身分」解放運動』解放出版社、一九九四年
・金仲燮著〈高正子訳〉『衡平運動――朝鮮の被差別民・白丁《ペクチョン》 その歴史とたたかい』解放出版社、二〇〇三年

植民地朝鮮と衡平運動　目次

関連地図

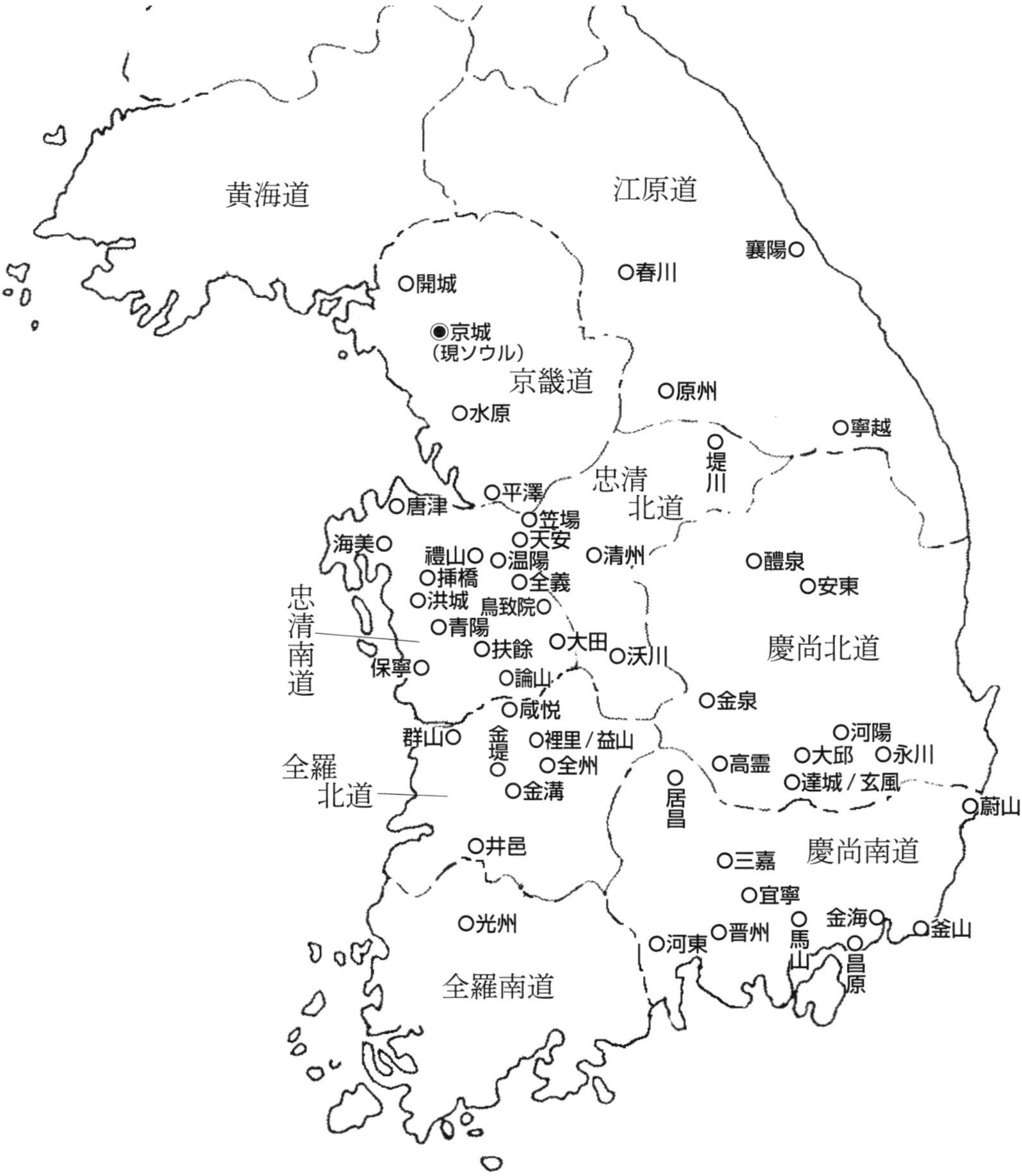

黄海道
江原道
襄陽
春川
開城
京城
（現ソウル）
京畿道
原州
水原
寧越
堤川
忠清
北道
平澤
唐津
笠場
天安
海美
禮山
温陽
清州
醴泉
挿橋
全義
安東
洪城
鳥致院
忠清南道
青陽
大田
慶尚北道
扶餘
沃川
保寧
論山
金泉
咸悦
河陽
群山
金堤
裡里／益山
大邱
永川
全羅
北道
全州
高霊
居昌
達城／玄風
金溝
蔚山
井邑
三嘉
慶尚南道
宜寧
金海
光州
晋州
馬山
釜山
河東
昌原
全羅南道

「白丁」の歴史と差別の実相

水野直樹・徐知延

朝鮮衡平社《ヒョンピョンサ》が創立され、差別の解消と平等な待遇を求める運動が開始されたのは一九二三年だったが、それより前の時代に、被差別民「白丁《ペクチョン》」（以下、白丁）はどのような状態にあったのだろうか。衡平運動の意味を考えるためには、その歴史的背景を理解しておく必要がある。そもそも白丁とはどのような存在だったのか、どのような差別を受けてきたのか、差別を跳ね返そうとする動きはなかったのか、そして近代的改革のなかで賤民《せんみん》や被差別民の解放を定めた政策がとられたにもかかわらず差別が続いたのはなぜか、など多くの疑問が生まれる。白丁に関する歴史研究はいまだ不充分であり、これらの疑問に的確に答えることはできないが、これまでの研究によって明らかになったことを簡単にまとめてみることにしたい。

白丁の起源

朝鮮の被差別民白丁の起源に関してはさまざまな説がある。古代朝鮮の時代から高麗《コリョ》時代にかけて中国大陸から移動してきた異民族が起源だとする説が、朝鮮社会では長く信じられ、現在の韓国でもそのように考える人が多い。一方で、白丁ら自身は、高麗王朝から朝鮮王朝に替わったときに、高麗王朝への忠義を守った臣下が高麗の都開城《ケソン》近くの松岳山《ソンアクサン》に立てこもったのが白丁の始まりとする考えを持っていた。

しかし、これらの説はいずれも、現在では説得力を失っている。「白丁＝異民族」という認識は、そもそも朝鮮民族を単一民族と見なす考え方に立って、朝鮮半島に流入した異民族を「異類」であるという理由で差別を合理化するに過ぎないものであり、歴史的経緯や白丁の分布状況からも間違った見方といえる。また、「高麗忠臣」説は白丁が高貴な身分の生まれだと考えることによって差別の不当性を立証しようとしたもので、衡平運動のなかでもそのような主張が見られたが、歴史的事実とは考えられない。

現在の歴史研究においては、白丁の起源はほぼ次のように理解されている

高麗時代（九一八〜一三九二年）の白丁は、国家から農地を与えられず、その一方で特定の軍役・賦役を課されない一般農民を表す呼称であって、社会的に差別される賤民を指す言葉ではなかった。これとは別に、各地を放浪しながら柳器《ユギ》（杞柳《きりゅう》＝コリヤナギや竹でつくる行李《こうり》・箕《み》・ざるなどの道具）をつくったり狩猟・屠畜をしたりする楊水尺《ヤンスチョク》や禾尺《ファチョク》と呼ばれる集団がおり、流浪の民として一般民から差別を受けていた。朝鮮時代（一三九二〜一九一〇年）初期の一四二三（世宗《セジョン》五）年、柳器製造や屠畜業などを生業とするこれらの集団、さらには歌舞を主な生業とする才人《チェイン》集団を農民として定着させるため、彼ら／彼女らを白丁と改称して、戸籍に登録することとした。朝鮮王朝の歴史記録『世宗実録』には、「改めて白丁と号す。平民をして相婚雑処せしめ」とあり、放浪民を定着させ同

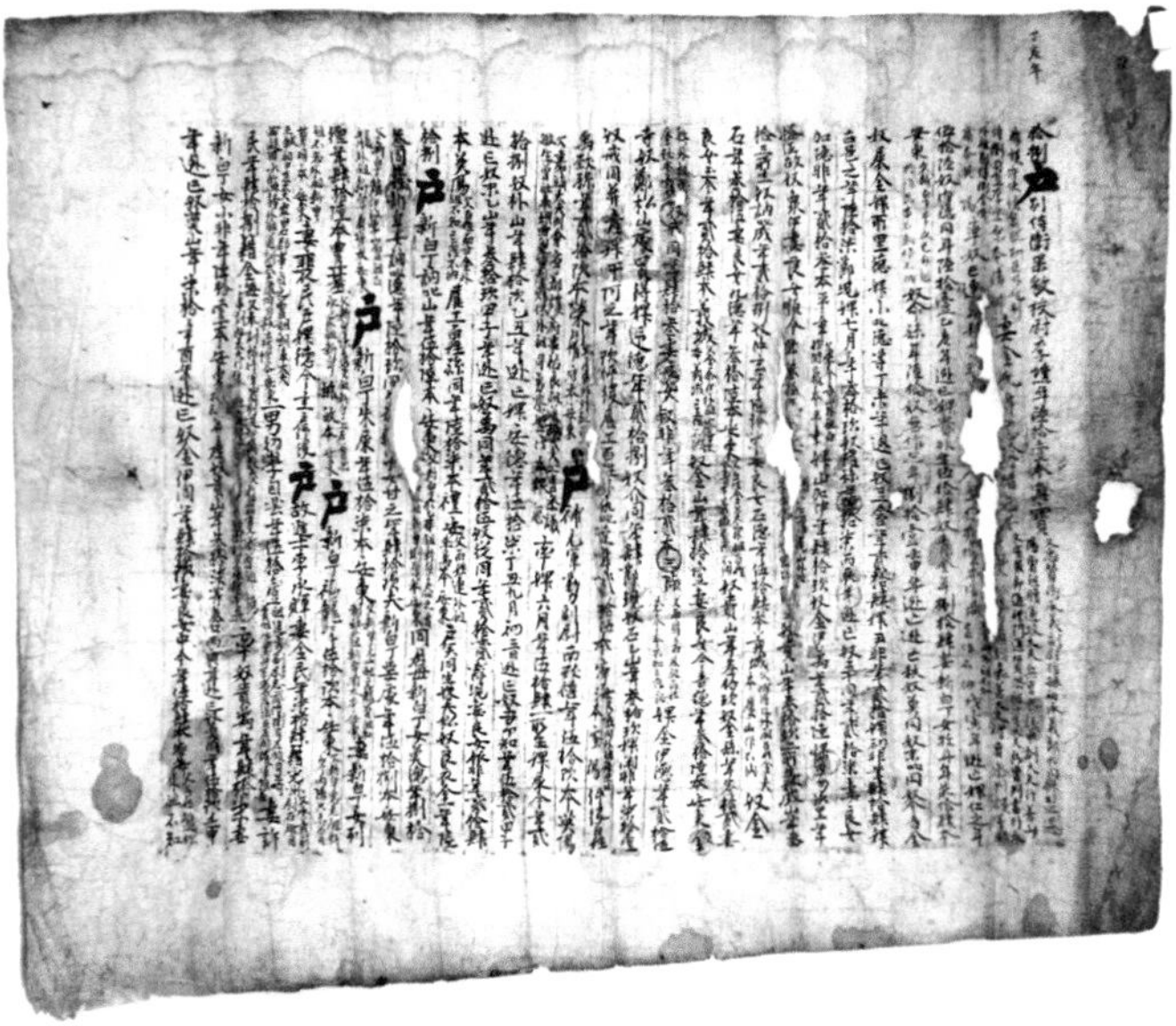

安東府戸籍断片（1528 年）
左の方に見える３つの「戸」に「新白丁」と記されている

化しようとする政策の一環であったことが示されている。これは、軍役や賦役を課すことができる民を増やすことに大きな目的があったと考えられる。この措置によって、禾尺や才人は一般農民という意味で白丁と改称されたが、戸籍などには「新白丁」と記載されることが多く、新白丁あるいは白丁という呼称が被差別階層を表すものとなっていった。

朝鮮初期の白丁は、柳器製造や屠畜業に従事していたが、戸籍には「新白丁」とのみ記載され、職役（国家が良人《ヤンイン》男性に課す義務的労働の種類）が記載されていないので、一定の賦役はなかったと考えられる。他方で、朝鮮王朝は農業を国家の根幹とし、農耕に必要な牛や馬を重要視していたので、白丁の生業の一つである屠畜業は国家の基本原則に反するものとして異端視された。また、白丁らが自分たちの生業である屠畜、狩猟、歌舞などを続けるために略奪行為、強盗、殺人などの犯罪を引き起こすこともあった。そのために、「白丁」「新白丁」「才人」は犯罪集団の代名詞と見なされ、白丁という理由だけで強盗の犯人にされ、社会不安の元凶と認識されることになった。だからこそ、王朝の側も、一五世紀にはこれらの集団を農業民として定着させる政策をとり続けたのである。

なお、白丁の人口については、はっきりした資料がないが、一五世紀半ばに総人口の十数%から約三〇%を占めるとする記述がある。しかし、これは、禾尺や才人を良人として戸籍に登録する必要性を強調するために、数字を誇張したものと思われる。多くても人口の数%程度と考えるのが妥当であろう。

朝鮮時代の身分制度と白丁

朝鮮王朝時代の身分制は、王族を除けば、人びとを良人と賤民に分けて国家の統制下に置くものであった。これは「良賤制」と呼ばれる。良人は国家が求める役割(職役)を果たす一方で、科挙に合格すれば官吏・官僚にもなれる存在であった。賤民である奴婢《ノビ》は官庁に属する公奴婢、主人の命にしたがって各種の仕事をする私奴婢に分けられるが、いずれも居住の自由などがない者が多く、場合によっては売買の対象にもなった。

このような良賤制の下においては、白丁は良人に属するものとされていた。前述の禾尺、才人の呼称を白丁とすると決めた際にも、「禾尺、才人は本より良人」とされていた。しかし、それらの集団が従事する生業は「賤《いや》しい」ものと見なされたため、身分は良だが、賤しい役についているという意味で、「身良役賤」ととらえる見解がある。

戸籍上では、一七世紀頃には白丁という記載がなくなり、「皮匠《ピジャン》」や「柳器匠《ユギジャン》」と記載されるようになったが、これは白丁とされる人びとが職役として皮革製造や柳器製造を担っていたことを示している。しかし、戸籍では皮匠や柳器匠とされながら、社会的には白丁は賤民以下の「身分」に位置づけられるようになったと思われる。朝鮮時代後期には、白丁だけでなくさまざまな人びとが賤視の対象となっていたが、白丁はそのなかでも特殊な存在であった。

　朝鮮社会において賤視の対象とされた人びとは、「七般公賤」「八般私賤」などと呼ばれた。どのような人びとが賤民とされたかは、時期や地域によって異なっていたようだが、七般公賤は、妓生《キーセン》、内人《ネイン》（宮女）、駅卒、牢令（獄卒）、吏族（下級の地方役人）、官奴婢、有罪犯人・逃亡者の七種とされ、国家との関係で賤しいとされる職役または業に就く者が主に該当した。これに対して、八般私賤は、社会的に賤しいと見なされる業に就く者で、僧侶、伶人（楽工）、鞋匠（靴づくり）、巫女《ブニョ》、広大《コァンデ》（大道芸人）、擧史（挙士／居士＝念仏などをおこないつつ各地を回る男の芸能民）、捨堂（社堂＝主に女の旅芸人集団）、白丁の八種とされた。これらは同じ「賤民」でも、実際には社会的地位や差別のされ方は一様ではなかった。白丁以外の賤民の場合は、身分の移動があり得た。僧侶、巫女、広大や社堂などの芸人は自らその業を選んだ者（親の業をそのまま継ぐ者が多かったとしても）であったのに対し、白丁は生涯身分が変わることがなく、次世代にもそれが引き継がれた（鞋匠も生業を世襲する場合が多かったと見られる）。法制上の奴婢の場合は、国家や主人の許可があれば良人になることができたが、白丁はそのような身分上昇の途を封じられていた。つまり白丁は社会的に徹底的に隔離されるとともに、身分として固定され、賤民のなかでも一番低い集団として差別される存在であった。

白丁の生業

一五世紀前半に呼称が白丁に改められた禾尺、才人は、農業に従事するようになった者もいたが、引き続き狩猟や屠畜、そして柳器製造に携わる者が多かった。戸籍などでは「白丁」「新白丁」と記載されることになったとはいえ、官庁からは柳器や皮革製品の製造、あるいは食肉の納入などの役を課される状態であったと思われる。また、王族などが狩猟をおこなう際に「勢子《せこ》・狩子《かりこ》」(鳥獣を追い出したり逃げるのを防いだりする役目) として動員されることもあった。

一七世紀になると、戸籍上の職役として皮匠、柳器匠などと記載される者が現れるようになった。これらの記載どおり皮革製品、柳器を製造して官庁に納める役割を果たしていたが、生活を維持するために農業にも携わりながら、皮革製品、柳器をつくり、さらには屠畜もおこなうという存在だったと見られる。

前述のように、朝鮮時代には農業が国の本とされていたので、農耕に必要な牛馬を食用や皮革製造の目的で屠殺することは禁止されていた。とくに牛の屠殺を禁止する命令(屠牛禁令)は、繰り返し出され、秘《ひそ》かに屠牛をした者はむち打ちの刑や身分を奴婢に落とすなどの刑に処された。

にもかかわらず、牛肉食は朝鮮時代に広まり、とくに祭祀《さいし》や葬礼などの儀礼の供え物にしたり、役人や軍人を饗応《きょうおう》したりするのに不可欠なものになっていった。また、軍事用の鞍《くら》や鎧《よろい》などに牛皮が必要とされ、軍事機関が屠牛のための施設を設けることもあった。したがって、富裕な両班《ヤンバン》の家や官庁、軍営などが白丁に屠牛をさせることが広く見られるようになった。また一九世紀には、場《チャン》市《シ》（五日ごとに開かれる市場）でも牛肉が販売されるようになり、屠牛禁令は名目に過ぎないものになっていた。

屠牛が禁止されているにもかかわらず官庁や富裕層のために屠牛をする白丁は、農耕を不法に妨害する者と見られ、社会的に差別されることになった。禁止されている屠畜は職役として記載できなかったため戸籍のうえでは皮匠、柳器匠などとされていたが、屠畜に従事する者は社会生活においては「屠漢」（屠畜をする奴）と呼ばれるようになり、そのことが差別を増幅させたと考えられる。

差別の実相

白丁が受ける差別に関しては、法制上の明確な規定があったわけではない。そのため、差別のありようは時代によって、また地域によって異なる点があったといえる。衡平運動が展開された時期の文献（車賤者「白丁社会の暗憺《あんたん》たる生活状況を論じ、衡平戦線の統一を促す」『開闢』第四九号、一九二四年七月＝『史料集・続』三一〇頁以下）などでは、おおよそ次のような差別を受けていたことが記されている。

①生活上の差別待遇……白丁は常民《サンミン》と離れた場所で集団居住するように制限された。町に住む場合も、町を取り囲む城壁の外にしか住めなかった。仕事も屠畜、食肉販売、皮革製造、柳器製造などに従事するものとされ、農業に携わる者は多くなかったと見られる。

②交際上の差別待遇……白丁たちは一般民の子どもにも頭を垂れ、自分を「小人」といい、最

上の敬意を示さなければならなかった。また、一般民たちの前ではタバコを吸うことや酒を飲むことができなかった。一般民は白丁と付き合うこと、朝鮮王朝時代の教育機関である書堂などで白丁の子どもと同席することを嫌い、白丁の子どもが書堂に通うと暴行を加えるなどの差別をおこなった。そのような差別は、近代に入って学校がつくられる時期になってもなくならなかった。近代のキリスト教会でも白丁との同席を嫌って、教会を離れる一般民がいた。

③婚姻関係の忌避……一般民が白丁と結婚するのを忌避しただけでなく、そのような結婚は社会的にも認められなかった。白丁出身の男性は一般民の女性と結婚しても、身分移動は法的に認められず、白丁のまま娘の家で三年間のただ働きをするという不文律があって、結婚成立はおぼつかなかったという。

④生活風習での差別待遇……瓦屋に住むことや、絹糸でつくられた服を着ることはできず、男性の場合は平民と同じように網巾《マンゴン》（髷《まげ》がずり落ちないように頭に巻く帯）をかぶることも、革靴を履くことも許されなかった。また、外出するときは一般民がかぶる冠（馬の毛で編んだ笠《カッ》）ではなく竹で編んだ平凉子《ペレンイ》をかぶり白丁であることを示さねばならなかった。朝鮮では、既婚女性は普通かんざし（ピニョ）を挿して髪を結んでいたが、白丁女性はかんざしを挿すことが許されず、髪の毛を細長く編んで頭の上に巻いていた。

⑤礼法上の差別待遇……葬式で棺《ひつぎ》を載せる輿《こし》を使ったり、墓を一般民と同じところにつくったりすることはできなかった。また、家廟（祖先の位牌を置く堂）を設けることも許されなかった。結婚式では、馬や輿に乗ることを許されず、名前に関しても仁・義・孝・忠などの文字

は禁止されていた。

これらの差別は、社会的な慣習にもとづいていたと思われる。法制的に規定された差別としては、朝鮮王朝時代初期に制定された『経国大典』（一四七四年）に白丁の居住地を一定のところに定める規定が設けられたが、のちの時代にそれが効力を持っていたかどうかは明らかでない。

また、白丁は戸籍に登録されていなかったというのが通説とされ、一九二〇年代に書かれた文献でも、白丁は戸籍に登録されていないため国民としての資格がなかったとされている（『史料集・続』三一四頁）。しかし近年、白丁を皮匠、柳器匠などと記載した戸籍が見出され、それらを利用した歴史研究がなされており、戸籍にまったく登録されなかったとはいえなくなっている。

一八世紀後半以降、これら「皮匠」「柳器匠」に対する戸籍上の扱いが一般民とは異なるものになっていった。つまり、良人でありながら、他の一般民から差別される存在と位置づけられたのである。［山内民博］の研究では、戸籍の記載方法において白丁は一般民とは異なる扱いを受けるようになったとされる。戸籍大帳では皮匠や柳匠（柳器匠）がまとめて記載され、それに「柳器匠村」などの名称が付けられる事例が見られ、また戸籍大帳末尾の職役別の男性人口の数字でも、皮匠、柳匠が最末尾に置かれて、他の職役とは区別される傾向があらわれたという。さらに、一般民の妻は「姓」「氏」という用語で記される（父親の姓に氏などを付ける）のに対し、皮匠、柳器匠の妻を表わす用語として「助是」が記載されるなど、戸籍上で白丁の「周縁化」が一八世紀後半に強まったとしている。

朝鮮時代初期には禾尺や才人を良人として他の一般民に「同化」させる政策がとられていたのに

比べると、一八世紀頃には白丁（皮匠、柳器匠）が一般民とは区別され周縁化される傾向が強く見られることになり、白丁が朝鮮社会のなかで「賤民」同様に位置づけられ、身分的にも固定化していったと考えられる。これは、朝鮮時代前半には白丁と他の身分（一般民や奴婢）との間で婚姻がなされていたのに対し、一八世紀にはたとえば柳器匠の家族間での婚姻が大半を占めるようになったことにもあらわれている。ただし、一般民と皮匠・柳器匠を区別して戸籍に登録する方式が国家によって定められていたわけではないことから考えると、白丁の差別化・周縁化は各地域における社会関係の変化にもとづくものであったとされるが、その点については、まだ未解明の問題として残されている。

「解放令」と白丁

一八九四年、朝鮮政府は身分制を廃止する一連の政策をとった。身分制の解体は、一八世紀以降に見られた奴婢人口の減少、奴婢の身分上昇、そして公奴婢の部分的解放（一八〇一年）などの社会的・政治的な背景をもって進行していたが、とりわけ一八九四年に朝鮮南部で東学農民軍が起こした大規模な反乱（甲午農民戦争）のなかで、身分制の廃止を農民軍が要求したこと、そして農民反乱を口実に漢城《ハンソン》（現在のソウル）を占領下に置いた日本軍の圧力を受けて朝鮮政府が「改革」に取り組んだことが契機となっていた。

一八九四年夏、朝鮮政府は、貴賤に関係なく人材を登用すること、公私奴婢を解放することなどとともに、「駅人・倡優・皮工はみな免賤を許すこと」を宣言した。これは賤しい業に従事している

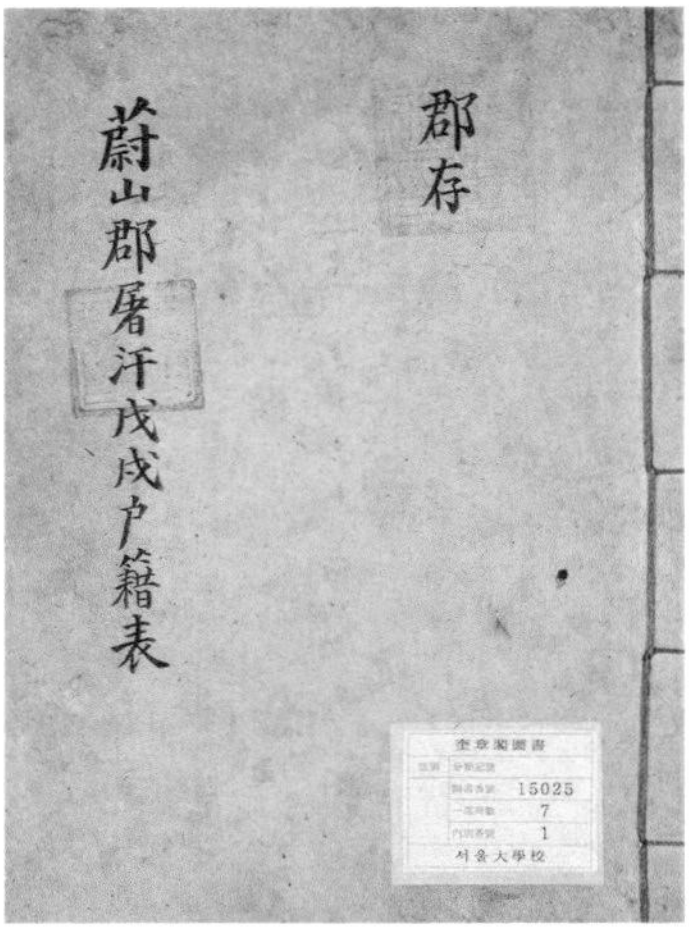

「屠漢」戸籍簿冊の表紙

として賤民と見なされてきた者を平等に扱うことを意味するものと思われるが、「皮工」が「皮匠」だけでなく「柳器匠」なども含むすべての白丁を指すかどうか明らかでないなど、曖昧な点を残す措置であった。しかし、この措置は「解放令」と見なされ、その後、白丁らが平等を求める際の法的根拠とされることになった。

「解放令」において白丁身分の解放が明確に規定されなかったことは、その後、さまざまな形で社会的な差別を残す原因になった。たとえば、それまで白丁差別を外見的に示すものとして、一般民がかぶる笠（冠）ではなく竹で編んだ平涼子という笠をかぶらねばならなかったが、「解放令」によってその制限はなくなった。しかし、実態としては普通の笠をかぶることができない状態が続いた。そのため、白丁らが地方官に着冠の許可を求める事件があいついだ。しかし、晋州《チンジュ》では着冠を認めるとしながら、白丁であることがわかるように牛皮でつくった紐《ひも》を使用せよという条件が付けられるなど、差別の解消は容易に進まなかった。

このように差別が残存していただけでなく、一般民との制度的区別・差別が新たな形で生まれた。そのあらわれが戸籍制度における区別だった。一八九六年に朝鮮政府は戸口調査規則、戸口調査細則を制定して、新たな様式による戸籍の編製を開始した。「新式戸籍」あるいは年号をとって「光武戸籍」と呼ばれるこの戸籍の編製にあたって、白丁出身者は一般民の戸籍簿冊とは異なる「屠漢」戸籍簿冊に登録されることになった。法令では「屠漢」戸籍の編製が定められていないにもかかわらず、白丁出身者の戸籍簿冊を一般民のそれとは別につくったことは、白丁の身分解放が制度上完全には実現しなかったことを示している。

ただし、この「屠漢戸籍」が何を目的につくられたかは、はっきりしない。同じ時期（一八九六年）に屠牛・食肉販売を公的に認める一方で税を課すことを定めた「庖肆《ほうし》規則」が制定されているので、庖肆（屠畜・食肉販売業）を管理し課税するための名簿であるとする説がある。しかし、「屠漢戸籍」に登録された者がすべて屠畜を業としていたかどうかについては疑問がある。慶尚南道蔚山《ウルサン》郡の「屠汗（漢）戸籍表」（一八九八〜一九〇一年）に登録されている一四戸の屠漢の家族構成や居住地に屠牛場があるかどうかなどを検討した研究では、一四戸のうち一一戸は屠畜に従事していた可能性があるが、残り三戸は屠畜にかかわりがなかったと考えられる［水野直樹、二〇二二］。したがって、大韓帝国期（一八九七年に国号を朝鮮から改めた）の戸籍に「屠漢」と記載されていても、屠畜を業とするわけではなく農業などに従事している者もいたと考えるほうが自然なのである。つまりこの場合の「屠漢」は「白丁」一般を示す用語だったといえる。

「白丁部落」
「戸数は約十戸にして部落入口には高約三尺の燻革坑がある」と説明されている

なお、「庖肆規則」によって屠畜が公認されたことは、屠畜の仕事が「あってはならない賤しい業」ではなく正式の職業として認められたことを意味したが、社会的には依然として賤業と見なされ、それに従事する白丁に対する差別は解消されなかった。そればかりか、庖肆の経営は多くの場合、官庁や地域の有力者がおこなうものとなり、屠夫として働く白丁は庖肆経営者への従属を強めたと考えられる。

韓国併合直前の白丁

日露戦争を通じて朝鮮に対する侵略・支配を強めた日本は、一九〇五年以降、大韓帝国を保護国とし、外交権を掌握しただけでなく、内政に対しても干渉を強めた。一九〇七年以降は、内政に関する各種の権限が次第に日本によって掌握されていき、一九一〇年の韓国併合に至ることになる。

このような過程のなかで、併合の前年（一九〇九年）に韓国の法律として「民籍法」が制定され、日本の戸籍制度を手本とした民籍の制度が導入された。これによって光武戸籍は廃止され、朝鮮の家と人をすべて民籍に登録することとなった。民籍簿には日本の戸籍簿と同じように職業記載欄はなかったが、民籍をつくる過程で戸主の職業を本籍欄に記載する措置がとられた。このとき、白丁の民籍に「屠漢」「獣肉販売」などの職業が記載されたため、それを見れば白丁である

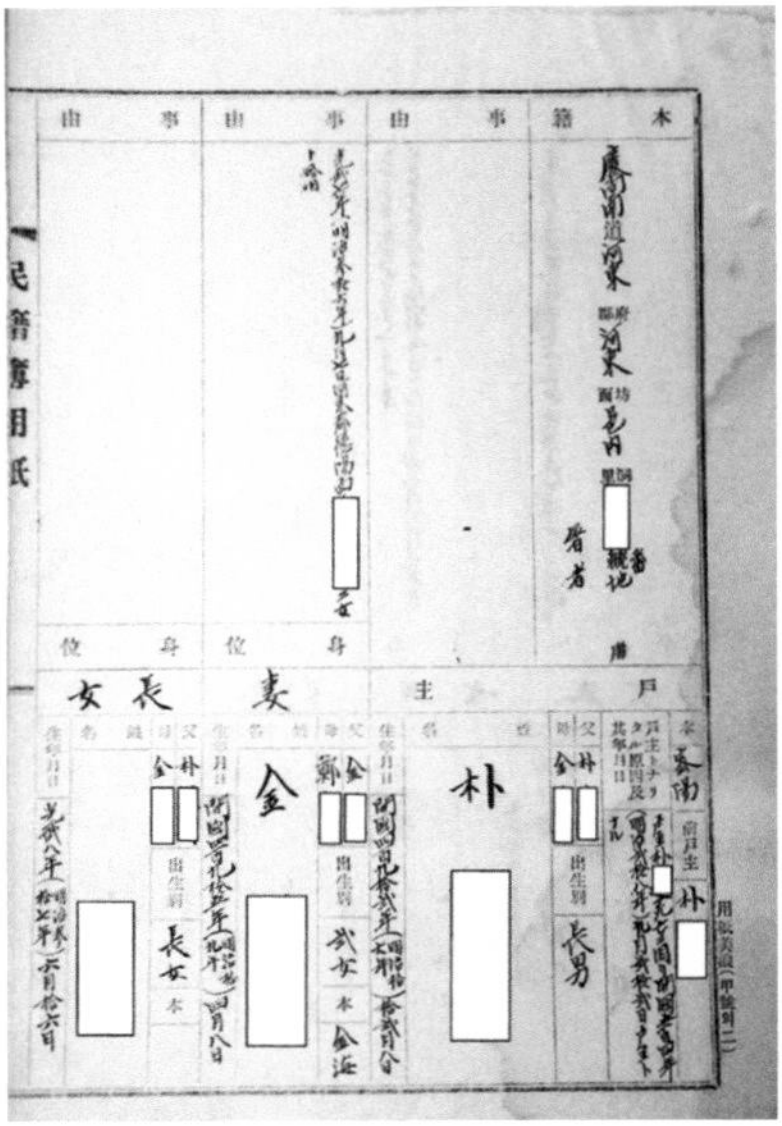

職業として「屠者」と記された民籍

ことが推測できる状態となった。つまり白丁も民籍への登録では他の朝鮮人と同じ扱いを受けることになったにもかかわらず、職業記載の点で差別される仕組みができたのである。これがのちに、衡平社が当局に職業記載の削除を要求することになる背景である。

韓国併合前後には、屠畜場に対する規制が日本の手で加えられていった。日露講和条約締結直後の一九〇五年九月、韓国政府は「屠畜場ならびに獣肉販売規則」を公布して、漢城府（現在のソウル）内の屠畜場を官営にすることを定めた。これは日露戦争の期間に朝鮮に在住する日本人が急増したため、その衛生に配慮したものだが、同時に屠畜場に対する日本当局の支配権を強めることをも目的としたものであった。

さらに一九〇九年には韓国全体における屠畜場の規制を図る「屠獣規則」が公布され、屠畜場以外での屠殺の禁止、屠畜場設置の許可制などが定められた。この規則の下で、朝鮮人が経営していた屠畜場は次第に公営に移されていった。つまり、日本人官僚の監督の下に置かれた地方行政機関や、日本人学校を運営する学校組合によって屠畜場が経営され、実質的に日本人の手によって運営されるようになっていったのである。このような屠畜場の変化は、屠夫として働く白丁らの労働条件を厳しいものにし、収入の低下をもたらしたとされる。白丁の生業や生活をめぐる状況は、単に「近代」的な変化・変革によってだけでなく、日本による朝鮮侵略・植民地化の動きによっても規定されていくことになったのである。

参考文献　＊日本語文献のみ

金静美「一九世紀末・二十世紀初期における「白丁」」（飯沼二郎・姜在彦編『近代朝鮮の社会と思想』未来社、一

九八一年）
金仲燮（髙正子訳）「人種の形成――韓国の白丁の事例から」（斉藤綾子・竹沢泰子編『人種神話を解体する1――可視性と不可視性のはざまで』東京大学出版会、二〇一六年）
徐知延「朝鮮「白丁」身分の起源に関する一考察（上・下）」（『部落解放研究』第一七二号・第一七三号〈部落解放・人権研究所〉、二〇〇六年一〇月・一二月）
趙景達「朝鮮の被差別民「白丁」の近代」（『部落解放研究』第二一五号〈部落解放・人権研究所〉、二〇二一年一一月）
濱中昇「高麗末期・朝鮮初期の禾尺・才人」（『朝鮮文化研究』第四号〈東京大学文学部朝鮮文化研究室〉、一九九七年三月）
水野直樹「近代朝鮮戸籍における「賤称」記載と衡平社の活動」（『部落解放研究』第二〇八号〈部落解放・人権研究所〉、二〇一八年三月）
水野直樹「近代朝鮮における被差別民「白丁」の生業と生活」（『朝鮮史研究会論文集』第五九集、二〇二一年一〇月）
山内民博『戸籍からみた朝鮮の周縁――一七－一九世紀の社会変動と僧・白丁』知泉書館、二〇二一年
李成市・宮嶋博史・糟谷憲一編『〈世界歴史大系〉朝鮮史1』山川出版社、二〇一七年

コラム● 近世日朝被差別民の比較

矢野治世美

「白丁」と「皮多・長吏」

朝鮮学者・高橋亨が、論考「朝鮮の白丁」で「朝鮮の白丁とは日本の穢多なり今の新平民なり」（『史料集・続』四三六頁）と評しているように、朝鮮の「白丁《ペクチョン》」は日本における「穢多《えた》」と同様の存在と見なされてきた。近世の日本には多様な被差別民が存在したが、「白丁」同様と見なされた「穢多」は、具体的には「皮多《かわた》・長吏《ちょうり》」のことだと考えられる。

「皮多・長吏」の源流は、中世に「河原者《かわらもの》」「屠者《としゃ》」と呼ばれ、死牛馬の解体や皮革加工のほか、「山《せん》水河原者《ずいかわらもの》」として庭づくりにも従事した人びとであった。一方「白丁」は、朝鮮王朝時代初期に「楊水《ヤンス》尺《チョク》」または「才人《チェイン》」「禾尺《ファチョク》」と呼ばれていた人びとを起源としている。「才人」は芸能、「禾尺」は狩猟や遊牧、屠畜、柳器製造を生業としていた人びとで、一カ所に定住せず、各地を移動しながら生活していた。朝鮮王朝時代には「白丁」は「八般私賤」、つまり八種類の被差別民の一種と位置づけられるようになっていた［徐知延／梁永厚］。

なお、中国を中心として東アジアには奴婢《ノビ》という賤民が存在したが、「白丁」も「皮多・長吏」も良賤制にもとづく奴婢とは異なる編成原理によって形成された被差別身分と考えられている。

「皮多・長吏」の分布・人口は東日本よりも西日本に多い傾向があったが、江戸時代末期の時点で総人口の一・五％程度に過ぎなかった［関山直太朗］。朝鮮王朝時代の「白丁」の人口比率は明らかにし得ないが、衡平《ヒョンピョン》社《サ》創立後の一九二六年時点では約三万三〇〇〇人と報告されている（『史料集・続』二〇四～二〇五頁）。これが正しいとすれば、朝鮮総人口の〇・二％弱ということになる。

被差別民の呼称・表記

一般的に、東日本では「長吏」、西日本では「皮多」という呼称・表記が用いられる傾向があった。江戸幕府の法令や公文書には公式的に「穢多」という呼称・表記が使用された。「穢多」という呼称・表記は他称あるいは蔑称として用いられたもので、自称としては主に「皮多・長吏」が用いられたようである。

朝鮮の「白丁」という呼称は、一四二三（世宗《セジョン》五）年に法令によって「才人」「禾尺」を「白丁」と改称したことによるが、戸籍上は「柳器匠《ユギジャン》」「皮匠《ピジャン》」や「屠漢」「皮漢」と記載された［山内民博］。「白丁」の人びとは、屠牛や製革の仕事への自負心から、牛の死霊を天国へ案内する聖職を務めるという意味で「白い《ヒン》丁《コムレ》」を自称したともいわれている［梁永厚］。「ヒン」は白、「コムレ」は熊手のことで、丁の字形が熊手に似ているので、「白丁」自身が自分たちのことを指す隠語として「ヒンコムレ」といったのであろう。

被差別民に対する規制

朝鮮では、一四二〇年代に「才人」「白丁」の漂泊・移動を禁止し、就農と平民との通婚を勧めて定住と平民との混住を図ろうとしたがうまくゆかず、結果として「白丁」だけが居住する集落が形成されることになった〔梁永厚〕。なお、日本では近世初頭に政策的に皮多村が移転した事例は複数確認されているが、城下町の建設にともなうものであって、「皮多・長吏」の定住を図ったものではない。

「白丁」の服装は木綿に限定され、髷《まげ》を結ったり簪《かんざし》を挿したりすることを禁止された。また「白丁」の男性がかぶる笠《カッ》（帽子）は竹製の「平涼子《ペレンイ》」に限定されるなど、「白丁」には平民とは異なるさまざまな社会通念上の服装や生活規制が設けられていたが、一八九五年に「白丁」の服装に関するそれまでの規制を廃止する法令が出された。

日本でも、享保年間（一七一六～三六年）頃から、「穢多・非人」が町人や百姓のようなふるまいをすることが問題視されるようになった。幕府や諸藩は、弛緩《しかん》した身分秩序の引き締めを図るために「皮多・長吏」を中心として、被差別民の服装や生業・生活などを規制する法令を頻繁に出すようになった。

生活と差別

江戸時代の日本では、肉や皮を取得するための屠畜（締め牛）は原則として禁止されており、肉食も一般的ではなかった。「皮多・長吏」は百姓などから死牛馬を無償で引き取って解体して皮を取得し、なめし革や太鼓、雪踏《せった》といったさまざまな革製品を生産していた。とはいえ、「皮多・長吏」は皮革業のみを生業としていたのではない。近世初期の時点で田畑を所有し、農業生産にも従事していたことや、医薬業や筬《おさ》（手織機《ておりばた》の部品）づくりなど多様な生業を営んでいたことが確認されている。

一方「白丁」は、牛の屠畜とそれに付随する精肉販売や製靴のほか、柳器製作などを生業としていた。一四二七（世宗九）年に「牛馬宰殺禁止法」によって私的な屠牛が禁止されると、屠牛にかかわる仕事は「白丁」の独占となった。戸籍上、「白丁」は工匠の一種である「柳器匠」「皮匠」として登録されており、役務として柳器や皮・革製品を官衙《かんが》に納入していた［山内民博］。「皮多・長吏」も領主に皮革や太鼓などの革製品を納める皮役を課されていた。皮役に加えて、日本では中世以降、「皮多・長吏」や非人などの被差別民に役務（役負担）として牢番《ろうばん》や刑吏《けいり》、掃除などを課される場合があった［藤沢靖介／寺木伸明・黒川みどり］。この点では「白丁」の役務のあり方とかなり異なっている。

被差別民の通婚に関しては、江戸時代の日本では、「穢多」と百姓・町人との交際・通婚は不可とされていたが、被差別民と平民が通婚していた事例を史料上確認することができる。ただし、発覚した場合は処罰の対象となった［藤原有和］。「白丁」の場合、まれに平民の女性と夫婦になろうとしても、法的な身分移動は認められなかったし、「白丁」身分のまま女性側の家で三年間ただ働きをしなければならないという不文律もあって、婚姻を成立させることは困難だったようである［梁永厚］。

一九二五年に洪奭鉉《ホンソキョン》がまとめた「朝鮮白丁調査録」によると、当時の「白丁」に対する差別待遇の実例として交際や通婚の忌避があげられている（『史料集・続』四四〇〜四四五頁）。日本でも朝鮮でも、身分制解体後も旧被差別身分の人びとに対する差別が継続しており、やがてそのことが水平社や衡平社の結成につながっていくのである。

参考文献

徐知延「朝鮮「白丁」身分の起源に関する一考察（上）」（『部落解放研究』第一七二号〈部落解放・人権研究所〉、二〇〇六年一〇月）

関山直太朗『近世日本人口の研究』竜吟社、一九四八年
寺木伸明・黒川みどり『入門 被差別部落の歴史』解放出版社、二〇一六年
藤沢靖介『部落・差別の歴史——職能・分業 社会的位置 歴史的性格』解放出版社、二〇一三年
藤原有和「大坂町奉行吟味伺書の考察（三）」（『関西大学人権問題研究室紀要』第六五号、二〇一三年三月）
山内民博『戸籍からみた朝鮮の周縁——一七-一九世紀の社会変動と僧・白丁』知泉書館、二〇二一年
梁永厚「近世朝鮮の「白丁」と「奴婢」」（沖浦和光・寺木伸明・友永健三編『アジアの身分制と差別』解放出版社、二〇〇四年）

コラム●韓国歴史ドラマに登場する「白丁」と衡平社

朝治 武

韓国歴史ドラマの特徴

韓国のテレビでは、日本の時代劇にあたる韓国歴史ドラマが数多く放送され、日本でも大きな人気を博している。その対象とする時代は、古代の高句麗《コグリョ》、新羅《シルラ》、百済《ペクチェ》から始まり、高麗《コリョ》をへて朝鮮王朝、そして近代と植民地期の朝鮮、さらには解放後の韓国をも描き、自国が歩んだ歴史に対する並々ならぬ関心がうかがわれる。

テーマは国家建設や権力闘争など政治を基本としているが、外交、経済、社会、宗教、文化など多様な側面に及び、男性のみならず女性を含む人物にも焦点があてられた。そして何よりも特徴的なことは、実際に存在した多様な身分を明確に描いていることであり、「奴婢《ノビ》」「妓生《キーセン》」などの被差別身分だけでなく「白丁《ペクチョン》」が主人公、あるいは重要な登場人物、さらに衡平社《ヒョンピョンサ》が描かれるドラマも製作されてきた。

「白丁」が主人公の作品

とくに「白丁」を主人公とした作品の第一は、『林巨正《イムコッチョン》――快刀イム・コッチョン』（一九九六〜一九九七年、全四四話）である。「白丁」として生まれた林巨正は、一六世紀に実在した人物であり、洪命《ホンミョン》憙《ヒ》の著名な大河小説『林巨正』（一九二八～一九五五年）で描かれたように、圧政に苦しむ民衆を救済するため、朝鮮王朝に立ち向かった義賊《ぎぞく》として知られている。この作品では、「白丁」の生業としての屠畜に焦点があてられ、差別を跳ね返してたくましく生きようとする林巨正の生涯が骨太に描かれた。

　第二の作品は、『済衆院《チェジュンウォン》』（二〇一〇年、全三六話）である。この作品で主人公となったのは、近代朝鮮で「白丁」として生まれた朴瑞陽《パクソヤン》（一八八八～一九四〇年）という実在の人物であり、さまざまな困難を克服して西洋医学を学び、「白丁」として最初の医師となる過程が描かれた。のちに独立運動にも参加し、二〇〇八年に韓国政府から独立功労者として建国褒章を授与された。ちなみに父の朴成春《パクソンチュン》は、「白丁」差別の撤廃に尽力し、一八九八年に独立協会が開いた官民共同会（一八九八年）で演説するほどであった。

　第三の作品は、ズバリのタイトル『白丁の娘』（二〇〇〇年、全二話）である。この作品では、朴瑞陽の妹である朴陽斌《パクヤンビン》が差別に苦悩しながらも梨花学堂《イファハクダン》（現在の梨花女子大学校）で学び、屠畜に携わる父を尊敬するようになって、ついには卒業式で自らが「白丁の娘」であることを堂々と宣言するに至る過程がテンポよく描かれ、国内外で高い評価を受けた。

『済衆院』のジャケット
DVD-BOX 1～3、各 19,950 円（税込）
発売・販売元＝ワーナー・ホームビデオ

衡平社が描かれた作品

　衡平社が登場する作品の第一は、『名家《ミョンガ》の娘ソヒ』（二〇〇四～二〇〇五年、全五二話）

である。原作は歴史大河小説として高く評価されている朴景利《パクキョンニ》の『土地』（一九六九～一九九四年）であり、旧「白丁」も重要な人物として登場する。この作品では、旧「白丁」に対する厳しい差別にも焦点があてられ、晋州《チンジュ》で衡平社が創立される場面も感動的に描かれた。

第二の作品は、『野人時代《ヤインシデ》』（二〇〇二～二〇〇三年、全一二四話）である。この作品は、ヤクザから国会議員になった伝説的人物の金斗漢《キムドゥハン》（一九一八～一九七二年）を主人公としている。ドラマでは、植民地朝鮮において衡平社の活動家で独立運動にも参加する旧「白丁」が、架空の重要な登場人物として描かれ、作品の内容に深みを持たせることになった。

では「白丁」と衡平社が登場することに、どのような意味があるのだろうか。現在の韓国では、「白丁」が存在しないと見なされているので、歴史ドラマで「白丁」を描くことに困難は多いとは思えないが、むしろ「白丁」を登場させることによって、身分差別を軸とした社会矛盾を際立たせるという、批判意識が表れているように感じられる。

また歴史ドラマが衡平社を登場させることは、軍事独裁政権や社会矛盾などに対する一九八〇年代からの民主化運動を、植民地朝鮮の歴史に投影させているといえなくもない。ともかくも「白丁」と衡平社について実感を持って理解するため、韓国歴史ドラマを楽しんで観ていただければと考えている。

参考文献

朝治武『韓国歴史ドラマの再発見――可視化される身分と「白丁《ペクチョン》」』解放出版社、二〇一九年

朝治武「衡平社が登場する『野人時代』の歴史世界」（『奈良人権・部落解放研究所紀要』第三八号、二〇二〇年三月）

衡平社の創立と初期の活動

趙美恩・水野直樹

一九二三年年四月、朝鮮南部の都市晋州《チンジュ》で衡平社《ヒョンピョンサ》が創立された。朝鮮社会で差別を受けてきた「白丁《ペクチョン》」が差別の解消、待遇の平等、人権の確立を求めて、集団的な力を結集しようとしたものである。衡平社は急速に朝鮮各地に組織を拡大し、運動を展開したが、衡平運動に反発する外部からの圧力を受けただけでなく、内部的な対立を深めるなど、困難な状況に直面することになった。

ここでは、衡平社創立の背景、衡平社がめざしたもの、衡平社組織の拡大、そして反衡平運動への対応などの面から初期の衡平運動の展開を概観することにしたい。

衡平社創立の背景

衡平社創立の背景のうち、甲午《こうご》改革の際の身分制度撤廃とその矛盾については、別項に記されているので省略し、三一運動の影響、水平社の影響、そして晋州という地域的特徴などについて見ておくことにする。

一九一九年の三一運動によって朝鮮社会は大きな変化を経験することになった。日本の植民地支配政策が部分的・表面的ではあれ「文化政治」に変わり、朝鮮人の言論活動や団体活動が一定範囲で許されるようになった。そのような状況のなかで、独立をめざす運動だけでなく社会の矛盾を改めようとする各種の運動も展開され、教育熱も高まった。依然として厳しい差別を受けてきた旧「白丁」(以下、白丁とする)も平等の権利と待遇を求める動きを示した。

のちに慶尚北道大邱《テグ》の衡平社で中心的活動家となる金慶三《キムキョンサム》や李思賢《イサヒョン》らは、一九二一年四月頃に「総督府に向かって自分等にも平等自由を与へ、吾等の子女にも一般と同様に入学せしめ得る様にと嘆願書を提出したことがある」と伝えられている(『大阪朝日新聞』朝鮮版、一九二三年五月三一日=『史料集・続』一三一〜一三二頁)。

日本では一九二二年三月に全国水平社が結成され、差別待遇を受けてきた部落民が差別撤廃と人権確立を求める運動を展開し始めた。その便りは、朝鮮の白丁社会にも影響を及ぼした。一九二三年五月に全羅北道金堤《キムジェ》の白丁たちが身分解放を求めて曙光会《しょこうかい》を組織したときも、「水平運動に賛成する気持ち」からだった(『朝鮮日報』一九二三年六月五日)。

このように各地の白丁が新たな動きを示すようになったなかで、一九二三年春、慶尚南道の道庁所在地晋州で衡平社創立のための活動が始まった。

衡平社創立の背景のうち晋州の地域的特徴としては、同地の豊かな社会運動の経験とともに、白丁たちが差別撤廃を求め、自らの生業・生活を守るための活動を試みてきたことをあげることができる。

第一に、晋州は社会運動の経験が豊富な地域だった。一八六二年、晋州で起こった農民反乱は全国各地に広がった。これは「壬戌《じんじゅつ》民乱」と呼ばれる。また、一八九四年の甲午東学農民革命、旧韓末の義兵活動なども晋州地域で活発に展開された。一九一九年の三一独立運動においては、参加者が一〇〇〇人以上の示威が起こったところが朝鮮全体で一三カ所だったが、晋州もそのなかに含まれる。一九二〇年代初めには、晋州労働共済会を中心とする農民運動が晋州で始まり全国に広がった。その他に朝鮮人のための中等学校を設立しようとした教育運動なども活発だった。

第二に、晋州地域の白丁たちは甲午改革の後も続く差別に抵抗して平等を要求し、中央官庁にまで直接訴えるなど集団的・組織的な活動を展開した。一九〇〇年の生牛皮冠纓《かんえい》事件（慶尚南道の官庁が、白丁も冠をかぶってよいが牛皮の紐《ひも》を使うよう訓令した事件）、同年の厳訓免賤《げんくんめんせん》事件（一般民多数が屠漢（白丁）の家を襲撃・破壊したため、被害者らが平等待遇を徹底するよう官に訴えた事件）、一九〇九年のキリスト教会（晋州教会）における一般信者の白丁同席拒否事件などがあげられる。一九一〇年一月初めには晋州の隣の宜寧《ウィリョン》出身の白丁張《チャン》志弼《チピル》などが慶尚南道で屠獣組合（屠畜業者・食肉販売業者の組合と思われる）を組織しようと努力したが成果を上げられなかったこともある（『慶南日報』一九一〇年一月五日）。

衡平社創立のきっかけ

晋州で衡平社が創立された直接的なきっかけは、何だったのだろうか。もっとも大きな要因としてあげられるのは、一般民による差別・侮辱、なかでも教育における差別の問題であった。

衡平社幹部は衡平運動の理由について、「〔一般民は〕白丁の子弟を学校に入れず、さまざまな運

全道四十萬同族에飛檄하야
解放을絕叫하는慶南白丁
晋州에衡平社創立
平地에波瀾을捲起함은
爆彈挾雜

衡平社創立を報じる『毎日申報』（1923年5月2日）

動をしているが、白丁の子弟は普通民とともに勉強できないようにしている」と語った（『朝鮮日報』一九二三年五月一四日＝『史料集・続』一二六～一二七頁）。警察が作成した文書では、衡平社創立メンバーの一人で富裕な白丁であった李學贊《イハクチャン》が子どもを何度も公立・私立学校に入学させようとしたが、白丁だという理由で拒絶されたり、入学を許されても白丁の子であることが知られれば、周囲の排斥や圧力を受けて中途退学したりすることになり、社会を恨むようになったとされる（『史料集』一〇一頁、一一五頁など）。

また、晋州で朝鮮人子弟のための高等普通学校（中学校に相当する）を設立する運動が展開されたとき、学校の敷地工事に白丁たちも労力を提供しようとしたが一般民から拒否された（あるいは、労力を提供したにもかかわらず白丁子弟の入学が拒否された）ことが衡平社創立のきっかけだとする新聞記事があり（『大阪朝日新聞』朝鮮版、一九二三年五月九日＝『史料集・続』一二五～一二六頁）、警察側の史料でも同様の記述が見られる（『史料集』一〇一頁）。

このように、衡平社を組織することになった最も重要な要因ときっかけは、子弟の教育問題を中心とする差別・賤待だったと考えられる。白丁たちが体験した差別のなかでも最も耐え難く、これ以上我慢できなかったのがまさに未来を担う子どもたちの教育に関連する差別であり、それを克服するため衡平社が創立されることになったのである。

衡平社がめざしたもの

衡平社創立の中心になったのは、晋州における三一運動の主導者の一人で前東亜日報支局長姜相《カンサン》鎬《ホ》、朝鮮日報支局長申鉉壽《シンヒョンス》、文房具や書籍を扱う花山商会経営者の千錫九《チョンソック》、晋州白丁の有力者李學賛、晋州の隣郡である宜寧出身の白丁張志弼などであった。衡平社の創立は、白丁と非白丁知識人の協力によるものであった。

一九二三年四月二四日、七〇人余りが晋州大安洞《テアン》で期成会を開き、衡平社を組織することにした。翌日、同じ場所で八〇人余りが衡平社発起総会を開き、規則通過、役員選挙、維持方針、教育機関設置、発会式挙行、会館設置、そして各地に出張して趣旨を宣伝すること、発会式の開催を新聞に広告することなどを決議した。この段階では、晋州を中心とする慶尚南道および慶尚北道からの参加者が中心だったが、その後、委員が各地に出向いて衡平社の宣伝をした結果、朝鮮南部の各地で志を同じくする者を獲得することができた。五月一三日には、晋州座劇場で衡平社創立祝賀会を盛大に開き、衡平社の結成と衡平運動の出発を宣言した。その日は午前一〇時頃から三台の自動車で宣伝ビラを市内に配布した。祝賀会には、全国の白丁や一般社会団体の代表も参加し、日本にある朝鮮人団体北星会、平文社などの団体からも祝電が届いた。

発起総会で採択されたと思われる「衡平社主旨」は、次のとおりである（『史料集・続』五〇頁）。

公平は社会の根本であり、愛情は人類の本領である。それゆえ、我らは階級を打破し、侮辱的称号を廃止し、教育を奨励して、我らも真の人間になることを期するのが本社の主旨である。今、我が朝鮮の我ら白丁はいかなる地位といかなる圧迫に処してきたか。過去を回想すれば、終日痛哭《つうこく》しても血涙《けつるい》を禁じ得ない。ここに地位と条件の問題などを提起する暇《いとま》もなく、目前の圧迫を絶叫するのが我らの実情であり、この問題を先決するのが我らの急務と認定するのは的確なことである。

卑しく、貧しく、劣り、弱く、賤《いや》しく屈する者は誰か？　ああ、我ら白丁ではないか。しかしながら、このような悲劇に対して社会の態度はどうか？　いわゆる知識階級からは圧迫と蔑視があっただけだ。この社会は白丁の沿革を理解しているのか、知らないのか？　決して賤待を受ける我らではないのではないか。職業の区別があるとすれば、禽獣《きんじゅう》の生命を奪う者は我らだけではないのである。本社は、時代の要求よりも社会の実情に応じて創立されただけではない。我らも朝鮮民族二千万の一分子であり、甲午年六月より、勅令によって白丁の称号を除かれ、平民となったのである。

愛情をもって相互扶助し、生活の安定を図り、共同の存栄を期すべく、ここに四十余万が団結して、本社の目的であるその主旨を鮮明に標榜《ひょうぼう》するものである。

朝鮮慶南晋州
衡平社発起人一同

「衡平社主旨」は、「公平は社会の根本であり、愛情は人類の本領である」とする立場に立って、

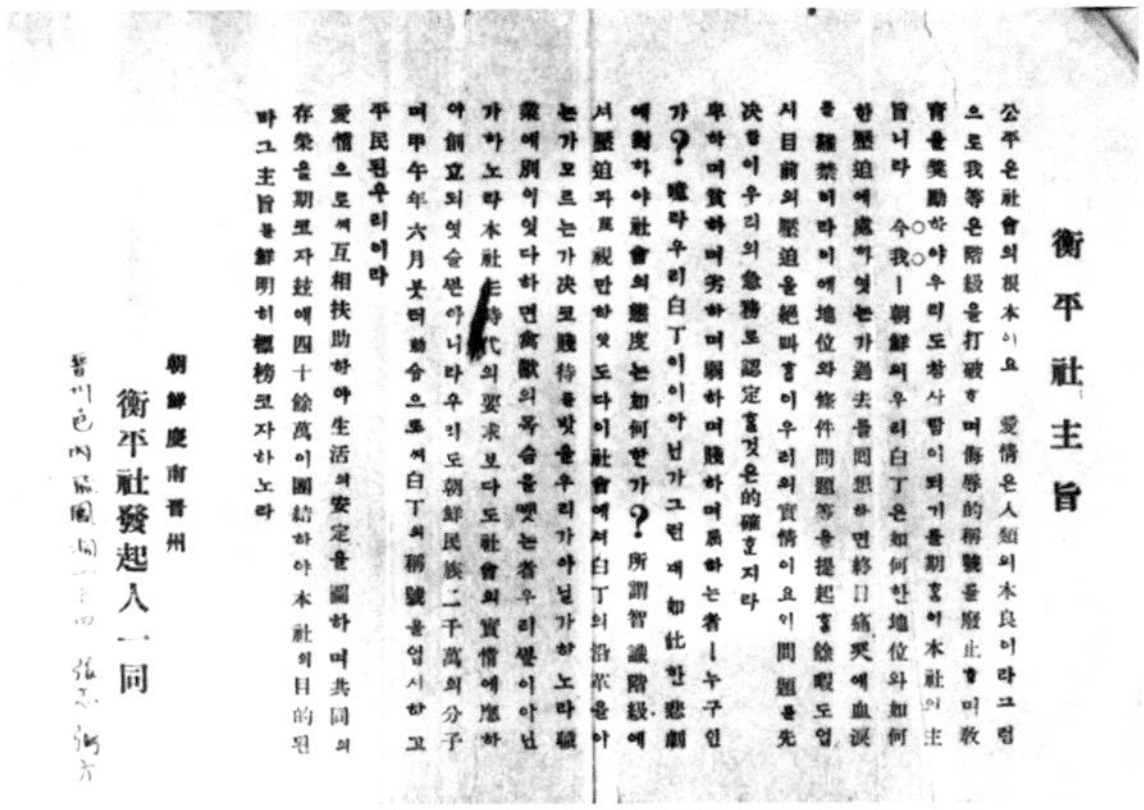
衡平社主旨

公平은社會의根本이요 愛情은人類의本良이라그럼으로我等은階級을打破하며侮辱的稱號를廢止하며敎育을奬勵하야우리도참사람이되기를期함이本社의主旨이라

今我ㅣ朝鮮의우리白丁은如何한地位와如何한壓迫에處하얏는가過去를回想하면終日痛哭에血淚를禁치못할바이에地位와條件問題等을提起할餘暇도업시目前의壓迫을絶叫함이우리의實情이요이問題를先決함이우리의急務로認定할것은的確한지라

卑하며貧하며劣하며賤하며屈하는者ㅣ누구인가? 噫라우리白丁이아닌가그런則如此한悲劇에對하야社會의態度는如何한가? 所謂智識階級에서壓迫과蔑視만하엿도다이社會에서白丁의沿革을아는가모르는가決코賤待를밧을우리가아닐가하노라職業에別이잇다하면禽獸의목숨을뺏는者우리뿐이아닌가하노라本社는時代의要求보다도社會의實情에應하야創立되엿슬뿐아니라우리도朝鮮民族二千萬의分子며甲午年六月붓터勅令으로써白丁의稱號를업시하고平民된우리이라

愛情으로써互相扶助하야生活의安定을圖하며共同의存榮을期코자玆에四十餘萬이團結하야本社의目的된바그主旨를鮮明히標榜코자하노라

朝鮮慶南晋州
衡平社發起人一同

衡平社主旨（1923 年 4 月）

階級の打破、侮辱的称号の廃止、教育の奨励を運動の目標に掲げている。そして、「真の人間」として生きていく意思を強く表明し、「愛情をもって相互扶助し、生活の安定を図り、共同の存栄を期すべく、ここに四十余万が団結して、本社の目的」を達成することを呼びかけた。「衡平社主旨」は、白丁たちが数百年間の慣習によって最も低く最も無視される社会的矛盾の枠組みを破り、他の人びとと平等の存在として生きるために組織した衡平社の存在を国内外に堂々と明らかにし、「白丁」の共同と団結にもとづく運動を展開していくことを宣言したものであった。

創立にあたって衡平社は、「主旨」のほか「社則」（規約）と「細則」を定め、「本社員の資格は、朝鮮人は何人を問わず入社することができる」（社則第四条）として、非白丁の朝鮮人の加入を認めている。また、「各道に支社、郡に分社を置く」（第二条）として、全国的に組織を拡大していく意図を表明した。「社則」第三条では、衡平社の目的として「階級打破、侮辱的称号廃止、教育奨励、相互の親睦」を掲げて、「主旨」で謳《うた》った目的を再確認している。ただし、創立の時点では綱領や活動方針は定められず、「細則」で知識の啓発、風紀紊乱《びんらん》の禁止、勤倹質素の助長などをあげるにとどめていた（『史料集・続』五〇～五一頁）。

創立後の衡平社が最初に取り組んだのは、戸籍の職業記載にかかわる問題であった。別項で明らかにされているように、韓国併合前後につくられた朝鮮人の民籍（一九二三年七月一日から朝鮮戸籍令にもとづく戸籍となった）に戸主の職業が記載されていたが、そこに「屠者」や「牛肉販売」などと記されている場合、白丁であることがわかるという問題があった。それが白丁差別の根拠とされていたため、衡平社が慶尚南道警察部に職業記載の抹消を要求し、当局もそれに応じることになった。その後、朝鮮総督府に対しても同様の要求を提出し、職業記載の抹消を約束させた。これは、戸主の職業を戸籍に記載することは合理的でないと総督府が判断したためでもあるが、白丁差別の撤廃を求める衡平社にとっては、運動の最初の成果であった。

衡平社組織の拡大

初期衡平社は晋州に本社、各道に支社、各郡に分社をそれぞれ設置した。衡平社は道や郡にかかわりなく、白丁が多く暮らし、その活動が積極的なところでまず組織され、その周辺に支社や他の分社が設立されるという方式で広がった。たとえば、全羅北道では金堤・井邑《チョンウプ》・裡里《イリ》・群山《クンサン》に分社がそれぞれ結成された後、全州支社が組織された。江原道のように、一つの道に二つの支社―春《チュン》川《チョン》と原州《ウォンジュ》―が組織されたり、原州、襄陽《ヤンヤン》のように一郡に二つの衡平社分社が組織されたりもした。

衡平社の組織数は、資料や時期の違いによって差があるが、創立から一年後の一九二四年初めに七九カ所となり、一九二五年九九カ所、一九二六年一四七カ所に増え、最も多い一九三一年には一六六カ所になった。

衡平社の地域組織である支社・分社が時期的・地域的に速く広範囲に拡大したのは、白丁が受けてきた差別の厳しさとそれを克服しようとする白丁自身の意志によるものであったが、それ以外にも各地域の社会運動などによる支援、新聞を通じての衡平運動の宣伝などが作用した。

地方組織の数を地域別に見ると、一九二四年初めの段階では、多い順に慶尚南道一九、忠清南道一七、慶尚北道一二、忠清北道八、全羅南北道各七となっていた。その後、京畿道や江原道でも地方組織が増えたが、朝鮮南部の地域に支分社が多いという状態は変わらなかった。朝鮮北部の黄海道、平安南北道、咸鏡南北道で支分社が組織されたこともあるが、活動はきわめて低調であった。

このように衡平社の地方組織が南部に偏っていたのは、南部に白丁の戸数・人口が多いことを反映したものであるが、それだけでなく白丁自身の職業・資産状況、教育経験の違いなどの要因に左右されていたと思われる。たとえば黄海道は白丁の戸数・人口が慶尚北道の次に多かったが、衡平運動は盛んではなかった。黄海道には一定の収入をあげることが期待できる食肉販売や屠夫・製革従事者などが少なく、農業従事者が多かったため、資産状況も良好ではなく、教育を受けた者も相対的に少なかった。その反面、衡平社が多く設立された江原道では、食肉販売業などの比率は高くなかったが、一定の資産を所有する者や学校教育を受けた者などの割合が朝鮮南部地域と同じ程度だったため、衡平社の活動も盛んだったと考えられる［水野直樹］。

衡平社の分裂とその要因

衡平社では創立直後から本部のソウル移転をめぐって内部対立が起っていた。一九二三年六月二日付の『毎日申報』は「衡平社本社は京城に設置?」と題する記事で、「晋州本部首脳の間で本部を京城に移転するとしていることに、各地方会員の間でも大いに賛成しているようで、近く京城に移転する」と伝えた。続いて六月四日付『朝鮮日報』も、本部を晋州に置くことは運動上不便なので京城に移転しようという話があると報道した。

一九二三年一一月七日、大田《テジョン》で初めて全朝鮮衡平代表者大会が開かれた。主に忠清南北道と全羅南北道の代表者が参加して本部移転を公式に取り上げ、移転先を大田と決定した。しかし、一九二四年二月一〇日から二日間、晋州を中心とする慶南地域の衡平社員らによる朝鮮衡平社臨時総会が釜山で開かれ、前年一一月の「本社大田移転決定」を覆したうえ、ソウルと釜山を候補地にして本部移転問題を議論した末、多数決で釜山移転を決めた。しかし、この決定に対しては反発が強かったため、結局、本部移転の問題は四月に予定される第一回全国定期総会まで保留されることになった。

釜山での臨時総会の翌日である二月一二日、張志弼、呉成煥《オソンファン》らは大田で衡平社革新会を発起した。晋州本部派によって本部移転決定が覆され保留とされたことから生じる自派内の動揺と不安を早く解消するために取った措置だった。三月一二日には忠清南道の天安《チョナン》で、衡平社革新会創立総会を開き、二週間以内にソウルに本部を移すことを決議した。またソウルに資本金二〇万円の規模で衡平社員の皮革工場を設立し、その利益金で学校建設、雑誌発行などを実行することとした(『東亜日報』一九二四年三月一七日、四月一六日)。そして四月初旬にソウルの中心地である都染洞《トリョム》一四四番地に家屋を購入し、一五日に本部をそこに移転した(『時代日報』一九二四年四月一〇日、『朝鮮日報』一九二四年四月一六日)。

張志弼ら革新派によってソウルでの衡平社活動が本格的に開始されたが、それは衡平社が晋州派とソウル派とに分裂したものであった。両派は、南派と北派、あるいは穏健派と革新派とも呼ばれる。

衡平社の南北分立は、本部の所在地をめぐる意見対立によるとされたが、それは表面的な原因に過ぎなかった。両者の組織基盤の違い、さらには運動の方向性の違いなど、いくつかの要因があったと考えられる。

まず、組織基盤の違いからくる主導権争いである。本部をソウルに移すことを主張する社員は衡平運動の活性化を理由に掲げたが、実際には慶南地域に基盤を置く創立指導者たちの勢力を弱めようという意図を持っていた。彼らは、衡平運動が全国的に広がった後も、慶尚道の指導者たちが権力を独占・濫用して衡平社資金を悪用していると非難した。慶尚道地域の指導者たちも本社の位置が偏っているということを認識していたが、自分たちの影響力の喪失を恐れて本社移転に簡単に同意することができない状況だった。

第二に、両派の構成員の身分と社会的背景の違いも対立に複合的に作用したと見ることができる。支持地域や構成員を見れば、晋州派は慶尚南北道、ソウル派は忠清南道と全羅北道をそれぞれ基盤としていた。晋州派は慶尚道に影響力が限定され、ソウル派は慶尚道を除く地域に影響力を持っていた。幹部を見れば、晋州派は姜相鎬、申鉉壽など非白丁出身の幹部と有力な白丁出身者が多いのに対し、ソウル派は大部分白丁出身の知識人たちだった。このような身分・出身背景の違いによって、両派の指導者の関係が良くなかったものと考えられる。つまり、晋州派の非白丁出身者は慶尚道地域の白丁からは信望を得ていたとしても、他の地域の衡平社員と緊密な関係を築けなかったのである。

第三に、両派の活動方向や目的の違いを要因としてあげることができる。穏健な改革者であったり富裕な白丁であったりする晋州派の指導者たちは、教育・啓蒙《けいもう》と人権のための活動を重視した。衡平社創立の経緯が教育問題と関連しており、創立時の「主旨」「社則」「細則」などにもそのような立場が表われている。彼らの見解は、団結して差別撤廃と白丁解放に全力を尽くさねばならないというものだった。彼らは、白丁の生業や生活については互いに助け合う程度の活動を考えていただけだったと思われる。一方、ソウル派は教育や人権問題に関しては晋州派と同じような立場だったが、社員らの生業・生活問題について積極的に認識し、解決策を模索した。ソウル派のリーダー張志弼は慶尚南道の出身だったが、前述のように一九一〇年に慶尚南道屠獣組合を結成しようとしたことがあり、白丁の生業問題に強い関心を抱く人物だった。ソウル派は生業に対する権益保護と近代的産業への発展、生活権の確立・擁護などを重視し、関心を傾けた。革新同盟創立総会で提起した皮革工場設立、皮革製品の共同販売制導入などの計画がそれを物語っている。その背景として、京畿・全羅・忠清地域の白丁が屠畜関連業に従事する比率が慶尚道より高かったことがあげられる。

また、ソウル派は衡平運動を他の社会運動と緊密に連携させて、社会改革をめざす運動の一つとして推進しなければならないとして、社会主義系列を含む他の社会運動団体と友好的な協力関係を築くことに力を注いだ。以上のような晋州派とソウル派の対立の原因は、事実上それぞれ別個のものというより互いに密接に連関したものであった。

南北両派の再統一

一九二四年四月二五日、衡平社創立一周年記念式がソウルと晋州で別々に開催された。記念式に対するマスコミの報道量は、ソウル派のほうがはるかに多かった。写真もソウルの行事を写したものだけが『東亜日報』と『時代日報』に掲載された。晋州派とソウル派の対立が明確に表面化することにより、衡平運動全体の内容的・人的・地域的な統一が大きな課題として浮かび上がったが、両者の間で本部移転、幹部不信任などをめぐって反目と和解が繰り返された。そのようななかで晋州本部は釜山・馬山《マサン》などの衡平社とともに衡平社連盟総本部を名乗り、ソウルの革新会は衡平社革新同盟本部に名称を変更した。

一九二四年五月二一日、ソウルで晋州の姜相鎬と革新会側委員約二〇人、在京社員約四〇人が協議会を開いた。このとき、晋州側が本部を大田やソウルに移転することを承認する一方で革新会側の革新運動を中止することを要求すると、革新会側が反発して、結局妥協ができなかった。以後、晋州の連盟総本部は、分裂の責任は革新会にあると批判する声明書三万枚余りを全朝鮮の衡平社員と社会団体、日本にある関連団体およびその他外国にまで配布した（『史料集・続』一四三～一四四頁、『朝鮮日報』一九二四年五月二八日）。これに対して革新会も晋州衡平社総連盟を非難する声明書を配布する（『朝鮮日報』一九二四年五月三一日）など、南北両派の対立はふたたび激しくなった。

一九二四年七月二三日、大田で開かれた両派代表者の「臨時衡平京晋両社委員懇談会」を契機に統一方向が定まり始めた。次いで同年八月一五日、大田で開かれた全国衡平社統一大会において満場一致で統一することを可決し、統一宣言を明らかにした（『史料集・続』一四四〜一四五頁、一五二頁）。組織の名前も朝鮮衡平社総本部に変え、本部の位置はソウルに決めるなど、南北分裂の解消のため主要な問題に決着をつけたのである。そして、翌一九二五年四月、京城で開かれた全国大会はソウル派、晋州派の両方が参加する形で開催され、中央執行委員にも両派の活動家が選出された。その後の本部の運営ではソウル派が優位を占めることになったが、南北に分裂していた衡平社は曲がりなりにも再統一を実現することになった。

反衡平運動の勃発とそれへの対応

衡平社が創立され、各地に組織を拡大していくと、それに対する反発が一般民から起こった。その最初は、衡平社創立直後、まさに晋州で起こった「反衡平運動事件」である。一九二三年五月一三日に衡平社創立祝賀大会が開かれ、各地から約四〇〇人が参加し、晋州市内では衡平運動の主旨を広めるため宣伝活動もおこなわれた。それから一一日後の五月二四日、晋州地域の二四洞里の農庁（農繁期に共同作業をするための農民組織）代表者が集まって、衡平社に反対すること、そのために牛肉を買わないことを決議した。同日夜、数百名の群衆が「衡平社攻撃」「新白丁の姜相鎬、申鉉壽、千錫九」と書いたのぼりを持って歩き回り、非白丁として衡平社創立に加わった申鉉壽や千錫九の商店に乱入したり姜相鎬の家に投石したりした。衡平社側も防衛隊を組織して対抗しようとしたが、農民らの反対運動は収まらず、牛肉を買わないことに加えて、衡平社に関係する者は白丁と同じ扱いをすること、青年会や労働団体が衡平社を支援しないようにすることなどを決議した。地域で不祥事が起こるのを恐れる警察当局が、「衡平社の白丁たちに誤りがあれば、解散させるつもりだ」と農民たちに語ったり、小作人の地位と権利を擁護・向上させる活動をおこなっていた晋州労働共済会が反衡平運動をやめるよう農庁側を説得したりしたため、一般農民の動きはようやく収まった。

衡平社를反對하야
牛肉의非買同盟
진주이십사동리의각농청들이
단결하고형평운동을반대한다
實行方法도極히嚴重
決議事項
衡平社長을毆打

反衡平運動を報じる『東亜日報』記事（1923 年 5 月 30 日）

同年八月には晋州と同じ慶尚南道の金海《キメ》、九月には忠清北道の堤川《チェチョン》でも、大規模な反衡平運動が起こった。いずれも数百名の一般農民が衡平社創立に反対して、衡平社やそれを支援する青年会の建物や住居を襲撃するという暴力的な事件であった。

忠清南道天安郡笠場《イプチャン》面では、面長が校長を務める私立普通学校に一四人の白丁子弟が通学していたが、一九二四年七月になって他の学生や教員・校長が退学を強要するとともに白丁を差別する発言を繰り返した。ソウルの衡平社革新同盟から出張してきた張志弼らは、警察のあっせんで学校側と交渉したが、問題は解決せず、一般民による牛肉不買運動が展開されることにもなった（『史料集・続』一四九～一五二頁）。笠場事件がどのように決着したかは明らかでないが、事件の過程で衡平社側が各地の支社・分社に応援を求めたこと、また一般民に対して「過失状」の提出を要求したことが注目される。反衡平運動に対する対応策として考え出されたものであろう。

このような状況のなかで、衡平社の側は反衡平運動に対して個々の支社や分社だけでは対抗できないため、本部や他の支社・分社と連絡を取り合って活動を進めるとともに、衡平運動に対して一般社会からの支持と支援を得る必要性を感じることになった。各地域の社会運動、文化運動との連携は、衡平社組織をつくる過程でも必要とされていたが、反衡平運動に対抗して平等の権利と待遇を求める衡平運動の主旨を社会に広めるためには、他の運動との連携の必要性が認識されていったといえる。一九二五年八月に起こった慶尚北道の醴泉《イェチョン》事件の後、その必要性はさらに強く意識されるようになる。

社会運動との連携の拡大

三一運動以後、朝鮮社会の多様な変化と社会運動の展開は、白丁が衡平運動を起こし拡大することを後押ししたことは先に述べたとおりである。衡平社側でも創立当初から社会運動や言論機関などとの連携を拡大することに努めた。そのような連携拡大の様相を、人的交流、組織共有、衡平運動の理念の深まりの三つの面から考えてみよう。

まず人的交流に関しては、姜相鎬、申鉉壽、千錫九などの社会運動家たちが衡平社創立準備段階から参加したことをあげることができる。各地の支社・分社でも社会運動家を役員に迎え入れるなど、社会運動との連携を拡大した。公務員、言論人、医師、宗教家など地域の有力者であったり、信望があったりする人物を衡平社の評議員・顧問などに選任した。衡平社の大会や創立祝賀会などの行事の際には、広く宣伝文や案内状を配布し、衡平社員でない人物が来賓《らいひん》として出席することを要請した。また、江原道原州では衡平社員の李東壽《イトンス》、鄭東湨《チョントンホ》が新幹会原州支会の役員として活動するなど、衡平社員が他の社会運動団体で一定の役割を引き受けたりもした。このように外部人士の迎え入れや衡平社員の他の社会運動団体への参加などは、衡平社組織の地位を高め外縁を拡大するのに積極的な助けとなった。

衡平運動の理念・精神は、けっして白丁だけにかかわるものではなかった。朝鮮社会で長い間維持されてきた不合理な矛盾を改め、新しくより良い社会をつくろうとした一九二〇年代の社会運動の理念・精神と多くの共感帯を持っていた。衡平運動が目標としたことは、長い慣習として残っている身分差別から白丁が解放され、社会の根本である平等を享受する「真の人間」となることであった。これは、朝鮮と朝鮮人全体が国権を奪われた状況から解放・独立するという目標とも直接つながるものだった。当時、新聞など言論でも、衡平運動と民族運動は解放運動的性格において共通するものであるとする主張が繰り返された［趙美恩］。とくに衡平運動の精神は、国権喪失と被差別民族という状況に置かれた朝鮮と朝鮮人すべてに何よりも必要な独立と解放という究極的な目的・理念と結びついて広がらざるを得なかったのである。

以上のように、創立初期の衡平社は、組織の拡大に力を注ぐとともに、広く朝鮮社会に待遇の平等、人権の確立への支持を求める運動を展開した。また、朝鮮総督府に対して戸籍の職業記載の削除のような具体的措置を要求し実現するなどの成果も勝ち取った。これらは、人権の尊重という点で朝鮮社会に対して大きな問題提起をしたものであった。

しかし、衡平運動には解決すべき問題があることも、初期の段階で明らかとなった。一つは、運動の方向をどのように定めるかという問題であり、それをめぐる意見の違いが衡平社内部の対立・分裂となって表面化した。もう一つの大きな問題は、衡平運動に対する社会的な反発が創立直後から表われたことである。創立直後には晋州で一般農民が衡平運動に反対する運動を起こし、同じ慶尚南道の金海では衡平社とそれを応援する青年会などに反発する一般民が暴力的な振る舞いを見せた。他の地方でも、学校における白丁差別や牛肉不買の運動が起こされたりした。

これらの問題にどのように対応していくか、南北両派の分裂を克服した衡平社が直面する問題は大きなものであったといわねばならない。

参考文献

イ・ヨンシク「初期韓国長老教会と白丁宣教」(『歴史神学論叢』第二七輯、〈韓国福音主義歴史神学会〉、二〇一四年(韓国語))
金仲燮『衡平運動研究』ミニョン社、一九九四年(韓国語)
高淑和『衡平運動』独立記念館韓国独立運動史研究所、二〇〇八年(韓国語)
趙美恩「晋州地域の三・一運動と衡平運動の全国的展開」(『晋州三・一運動と近代社会発展』ブックコリア、二〇二〇年(韓国語))
水野直樹「朝鮮衡平運動の展開と水平社」(朝治武・黒川みどり・内田龍史編『戦時・戦後の部落問題』〈講座 近現代日本の部落問題 第二巻〉解放出版社、二〇二二年)
渡辺俊雄「衡平分社の地域的展開」(『部落解放研究』第二〇八号、〈部落解放・人権研究所〉、二〇一八年三月)

コラム● 衡平社を創立した人びと

金仲燮

「白丁」身分解放団体の創立

晋州《チンジュ》で「白丁《ペクチョン》」（以下、白丁）の権益のための団体を組織しようとする活動が始まったのは、一九二二年冬から翌一九二三年春にかけてのことだと考えられるが、具体的な動きは四月になって表れた［金仲燮］。姜相鎬《カンサンホ》、申鉉壽《シンヒョンス》、千錫九《チョンソック》の三人が白丁部落を訪れ、階級打破の急務を語ると、村民は号泣、歓呼して喜んだという（『朝鮮日報』一九二三年四月三〇日＝『史料集・続』一一八頁）。

その結果が、一九二三年四月の衡平社《ヒョンピョンサ》結成である。四月二四日、晋州青年会館で七〇人余りが参加したなか、衡平社期成会が開かれ、翌日、八〇人余りがふたたび集まって、発起総会を開いた。臨時議長姜相鎬の司会でおこなわれた発起総会では、白丁に対する身分差別を撤廃し、公平な社会をつくるという「衡平社主旨」を採択し、衡平運動を全国に広めようと決議し、次のように役員を選出した。

委員：姜相鎬、申鉉壽、千錫九、張志弼《チャンチピル》、李學賛《イハクチャン》
幹事：河石金《ハソックム》、朴好得《パクホドゥク》
理事：河允祚《ハユンジョ》、李奉基《イポンギ》、李斗只《イトゥジ》、河景淑《ハキョンスク》、崔明五《チェミョンオ》、劉小萬《ユソマン》、劉億萬《ユオクマン》

財務：鄭贊祚《チョンチャンジョ》、書記：張志文《チャンチムン》

五月一三日、晋州座劇場で衡平社創立祝賀式が開かれた。約四〇〇人の参加者は主に慶尚南道地域の人びとだったが、慶尚北道、忠清南道、忠清北道などから来た人もいた。創立祝賀式は姜相鎬の開会の辞、申鉉壽の趣旨説明、鄭喜燦《チョンヒチャン》の祝電朗読の後、李珍雨《イチヌ》、姜達永《カンタリョン》、姜大昌《カンテチャン》、趙佑濟《チョウジェ》、勝田伊助の来賓《らいひん》祝辞が続いた。そして、南洪《ナムホン》が「わが民族の階級観」という演題で講演し、各地域の代表者が自らの体験・感想を述べる交流の集まりがあった。

その翌日、晋州青年会館において臨時議長申鉉壽の司会で地域代表者会議を開き、次のように役員を改編した。

委員：姜相鎬、申鉉壽、千錫九、鄭喜燦、張志弼、李聖順《イソンスン》、趙益善《チョイクソン》、朴有善《パクユソン》、李學賛、李相潤《イサンユン》、金《キム》
慶三《キョンサム》

理事：河景淑ほか一三人

支社長：趙周善《チョチュソン》（慶南・釜山）、金慶三《キムキョンサム》（慶北・大邱《テグ》）、千明順《チョンミョンスン》（忠南・論山《ノンサン》）、姜泰元《カンテウォン》（忠北・沃川《オクチョン》）

衡平社創立参加者の類型

衡平社創立は期成会、発起総会、創立祝賀式の順におこなわれた。創立祝賀式には他の地域の人士も大勢参加したが、大部分は晋州地域の白丁と社会運動家たちだった。氏名が判明しているのは発起総会で選出された役員一六人、創立祝賀式を開いた六人である。創立祝賀式の翌日の会議で九人の名前が新

たに明らかになったが、ほとんどが各地域の有名な白丁有志だった。委員に選出された釜山の李聖順、大邱の金慶三は皮革商として富を蓄積していた人物であり、馬山《マサン》の朴有善、李相潤は大きな精肉店を経営する人物だった。彼らは、その後も引き続いて総本部の任員を務めるなど衡平運動の核心活動家として活動を継続した。

創立時期に名前が明らかになった晋州の人びとは二一人だったが、彼らの役割は大きく三つのタイプに分けることができる。

一つ目は、発起総会で委員に選出された指導者である。創立過程で白丁部落に赴いた姜相鎬、申鉉壽、千錫九、そして白丁共同体の有志として知られる張志弼、李學賛である。彼らのプロフィールはのちほど詳しく見ることにする。

二つ目は、発起総会で幹事、財務、書記などに選任された一一人の実務者である。彼らは白丁出身で、たいてい公設市場で肉屋を営んでいた。二〇世紀はじめに晋州に初めて開設された公設市場で肉屋を開いたということは、財力を持っていることを示すものである。彼らのうち李奉基と李斗只、劉億萬（一八八一～一九四九）と劉小萬（一八八五～一九六五）は兄弟で、河石金、河允祚、河景淑は同じ一族に属していた。彼らは同業者であっただけでなく、血がつながる人びとだった。鄭賛祚（一八八九～一九五三）は非白丁居住地域に移住し、姜相鎬の隣に住んでいた。彼の息子は一九八〇年代半ばまで晋州中央市場（初の公設市場）で肉屋を経営していた。三〇代半ばから四〇代前半の彼らは、職業や血縁で結ばれた白丁出身者で、ある程度の財力を持つ者だった。

三つ目に、衡平社創立を支持する後援者たちだ。五月一三日の創立祝賀式で祝辞や講演をした人びとである。彼らは三・一運動以後、晋州地域のさまざまな社会団体で活動していた職業的社会運動家だった。とくに、衡平社創立を導いた非白丁指導者たちとともに活動した経歴があった。姜達永（一八八六年生まれ）は姜相鎬とともに晋州地域三・一運動を主導して服役し、李珍雨、姜大昌（一八九六年生まれ）、趙佑濟（一八八五年生まれ）、南洪（本名南海龍、一八九四年生まれ）などは、一九二〇年に結成された晋州青年会、一九二二年に結成された晋州労働共済会でともに活動した人物である。

もう一つの特徴は、地元マスコミ関係者が多いことである。趙佑濟は、朝鮮日報晋州支局長申鉉壽の下で総務として働き、姜相鎬、申鉉壽とともに社会改善活動団体である晋州共存会に参与した。姜大昌は、姜相鎬と同じく東亜日報支局長を務め、千錫九とともに新興宗教である普天教の少年会活動をおこない、申鉉壽とともに晋州飢饉救済会でも活動した。そして祝辞を述べた勝田伊助は、朝鮮時報晋州支局長や大阪毎日新聞通信員として働き、地域活動に積極的に参加した人物である。のちに彼は、晋州の社会状況を記録した『晋州大観』（一九四〇年）を発刊した。

衡平社創立指導者のプロフィール

前述した衡平社発起総会のときに選任された委員五人の性格は、二つに分けられる。李學賛、張志弼は白丁共同体の有志、姜相鎬、申鉉壽、千錫九は非白丁出身の社会運動家だった。

まず、李學賛は常設市場で肉屋を経営する白丁共同体の有志だった。彼が子弟を学校に入学させようとして断られたり、差別を受けて中途退学したりしたのが衡平社創立の動機だという警察の記録があるが、その真偽は不明である。晋州の人びとは彼には娘が一人だけいたと証言しているからだ。実務者より年上の財力家であった彼は、一九二〇年代半ばまで衡平社全国大会で役員に選ばれるなど、活動を続けた。

最も活動的な指導者は張志弼であった。一八八二年に晋州から東に八〇里（約三〇キロ）離れた宜寧《ウィリョン》で生まれた彼は、父親の張徳賛《チャントクチャン》が一九〇〇年に近隣の白丁を糾合して、非白丁と同じように笠を着用できるよう要求する嘆願書を慶尚南道観察使に提出したが、かえって牛革の笠紐を使えという差別的な待遇を受けるという体験をした。張志弼は、一九一〇年にソウルの崔鎔圭《チェヨンギュ》とともに、慶尚南道屠獣組合の設立を試みたことがある。その後、日本の明治大学法科に三年間在学していたが、家庭の事情で中退した後、総督府に就職しようと民籍を見たところ「屠漢」と記されていたので就職を諦め、白丁運動をするようになったと述懐している（『東亜日報』一九二三年五月二〇日）。張志弼は衡平運動の全期間にわたってさまざまな職責を担い、総本部の中心的指導者として活動した。一九三五年に全国大会で大同社《テドンサ》への改称を主導した彼は、一九三〇年代末、軍用飛行機「大同号」を献納するなど、日帝に協力したため、二〇〇九年に編纂された『親日人名事典』に登載されることになった。解放後の一九五五年頃、李《イ》承晩《スンマン》政権に対抗する進歩党の結成に加わったが、一九五八年頃に忠清南道洪城《ホンソン》で死去したと考えられている。その息子の張泳在《チャンヨンジェ》は、一九六四年に平友社発起人大会を開催するなど、衡平社を継ぐ組織の結成を試み、一九七五年には食肉販売業者組織の畜産企業組合中央会会長に選任されもした。

姜相鎬（一八八七〜一九五七）は、晋州の大安《テアン》面長を歴任し鳳陽《ボンヤン》学校を設立した大地主姜在淳《カンチェスン》の息子である。彼は晋州第一普通学校と公立晋州農業学校に通い、韓国併合前に国債報償運動と啓蒙《けいもう》運動に参加した。晋州地域の三・一運動を主導して一年間服役した後、東亜日報初代晋州支局長を務め、晋州労働共済会、晋州共存会、思想団体の同友社、私立一新高等普通学校設立期成会、慶南道庁移転反対運動に参加するなど職業的社会運動家として活躍した。衡平運動期間中、慶南地域の指導者として活躍した彼は、晩年は貧窮に苦しみ、一九五七年にこの世を去った。衡平社員たちは彼の葬儀を畜産企業組合葬として執りおこなった。

申鉉壽（一八九三～一九六一）は、漢方薬店を営む家に生まれた。一九一一年三月に晋州第一普通学校を卒業し、晋州青年会、晋州貯金契、晋州禁酒断煙会、晋州副業奨励会、晋州共存会、晋州飢饉救済会、同友社などに参加した。衡平社創立当時、朝鮮日報晋州支局長として衡平社の動向を広く知らせることに貢献した。衡平社創立以後に、晋州面協議会議員

姜相鎬

に当選し、晋州郊外の農村地域で教育活動も展開した。

千錫九は、晋州農業学校を卒業し、一九一八年に文房具・紙製品などを扱う雑貨の卸売商である花山商会を開業・経営した人物である。姜相鎬より若い彼は、晋州禁酒断煙会、普天教少年会などいくつかの団体に参加したが、職業的な社会運動家とはいえず、衡平社創立に参加した後、積極的な活動はしなかった。

要するに、白丁差別を撤廃し平等社会をつくろうとした衡平社は、白丁出身の資産家と知識人、非白丁出身の職業的社会運動家たちの協力によって創立され、創立時期の実務は白丁出身の財力のある活動家たちが主に担当したといえる。

（翻訳・水野直樹）

コラム●在日朝鮮人と衡平社

川瀬俊治

朝鮮人留学生と衡平社運動の連帯

全国水平社（以下、全水）が一九二二年三月三日の創立後、農民組合、労働運動団体と連携をとり、差別撤廃運動の輪を広げたことは知られている。全水創立の翌年一九二三年四月二四日に朝鮮で誕生した衡平社《ヒョンピョンサ》とも連帯が進んだ。しかし、在日朝鮮人が母国である朝鮮で誕生した衡平社とどのような連携、取り組みをしたのかは、あまり知られていない。

在日朝鮮人と衡平社との関係は、朝鮮人留学生が中心であった。思想的にはアナキズム系（以下、アナ系）とボルシェヴィズム系（以下、ボル系）に分かれた。この二つの流れのほか、就労を求めて渡日した朝鮮人が水平運動に参加した例はあるが、衡平社とのかかわりは記録上確認されていない。朝鮮人の渡日は、一九一〇年の「韓国併合」前から記録されており、一八九〇年代から労働者以外に、朝鮮人留学生も渡日した。この朝鮮人留学生が朝鮮の独立運動、衡平社との連帯で大きな役目を果たした。

朝鮮人留学生を中心とした独立運動で基点となるのは、一九一九年二月八日、東京基督教会館で開かれた集会で採択された二・八独立宣言だ。三週間後の三月一日、京城（当時の呼称）や平壌などで独立運動が始まり、朝鮮内外で約二〇〇万人が参加した三・一独立運動に影響を与えた。一九二〇年代に入ると、留学生らによる社会主義グループが結成されるようになった。

一九二一年一一月二九日に朴烈《パクヨル》、鄭泰成《チョンテソン》らと、金若水《キムヤクス》、宋奉瑀《ソンボンウ》、金思國《キムサグク》らが合流して在日朝鮮人の初の思想団体・黒濤会《こくとうかい》を結成した。しかし、当時台頭した「アナ・ボル論争」により対立、分裂し、アナ系の朴烈らは一九二二年一〇月に黒友会を、ボル系の金若水らは一九二二年一一月二六日に北星会を、それぞれ結成した。朴烈は自ら発行する雑誌『現社会』第四号（一九二三年六月）「朝鮮の衡平運動に就て」という文章を執筆して、衡平運動への共感を述べ、「衡平社主旨」を「宣言」と改題して掲載した。しかし、朴烈は一九二三年九月三日、関東大震災直後に治安警察法違反（秘密結社結成）容疑で検挙されるなどの弾圧（のちに「大逆罪」で起訴）のため、アナ系の朝鮮人の運動は低調になっていった。

アナ系の関西朝鮮人連盟の活動

ボル系の金若水は、一九二〇年四月に最初の単一の労働組織・朝鮮労働共済会を京城に設立し、一九二二年には一一月に東京朝鮮労働同盟会、一二月一日に大阪朝鮮労働同盟会を組織した。大阪朝鮮労働同盟会は待遇改善、権利擁護、民族差別撤廃を訴えたが、アナ系の崔善鳴《チェソンミョン》らが排除された。このため、崔らは五日後の一二月六日に関西朝鮮人連盟を組織し、朝鮮人の運動がアナ系、ボル系に二分化される流れが生まれた。両系統がそれぞれに衡平社との連携を図ることになる。

アナ系の関西朝鮮人連盟は全水の影響を受け、木本凡人《きもとぼんじん》、泉野利喜蔵《いずのりきぞう》、米田富ら全水の関係者が設立に関与した。泉野は関西朝鮮人連盟設立の場で、「水平社の姉妹団体だ」と述べ、米田も「目的貫徹のために進もう」と呼びかけた。同連盟の宣言・綱領・決議を決めたが、「綱領」は全水の綱領をほとんど踏襲した。

全水が衡平社とつながりを持とうとしたのは、一九二四年の全水第三回大会で群馬県水平社が提案、可決した「朝鮮の衡平運動と連絡を図るの件」以降である。塚崎昌之の研究によれば、関西朝鮮人連盟理事となった崔善鳴が、衡平社と全水の連絡の仲介者を務めた可能性があるという。崔善鳴は全水第三回大会に出席し、衡平社の祝辞を朗読した。その後一九二四年六月一日に自宅で朝鮮無産者社会連盟の宣言・綱領・決議を決めた。全水の影響を受けた内容で、活動はアナーキズムの影響よりも民族運動的な色彩が強かった。

一方、創立二年目の一九二四年四月二五日の時点で、衡平社は、旧「白丁《ペクチョン》」出身者で占められるソウル派（衡平社革新同盟）と「非白丁」の幹部が多い晋州《チンジュ》派（衡平社連盟総本部）に分裂していた。塚崎は晋州派には平野小剣とのパイプがあり、崔善鳴が晋州派と水平社内のアナ派との連絡を担っていたと見る。

衡平社との交流は確認できないが、水平社に参加した朝鮮人がいた。朝鮮の京城府安国《アングク》洞生まれで、京都市東七条で靴製造業を営んでいた洪鐘声《ホンジョンソン》という人物である。京都府水平社に参加し、「水平社の重要な人物として熱心に宣伝した」とある（『東亜日報』一九二三年五月二九日）。ただ、洪鐘声が「水平社の重要な人物」なら、他の文献でも出てくるはずだが、管見の限り確認できない。

北星会の活動――巡回講演会を日本国内、朝鮮で実施

次にボル派の活動だが、北星会の思想的背景は、結成時に採択された「綱領」に見出される。「唯物的現実に立脚し、歴史的必然を確信し徹底した積極的行動に出よう」とした。存在が非合法とされたわけではないが、直接的表現は避けた。プロレタリア解放をめざすことを訴えたものである。身分差別の撤廃を求めた衡平運動に対しては、独立運動の課題としてとらえたが、労働者の解放によって身分制も解消するとする階級闘争による身分解消論の限界を持っていた。北星会は日本では月例集会、朝鮮では巡回講演会をおこなった。月例集会は衡平社設立前になる。堺利彦、山川均、荒畑寒村、佐野学ら著名な社会主義者を招聘《しょうへい》した。巡回講演会は、白武《ペクム》、鄭雲海《チョンウネ》、弁護士の布施辰治らが朝鮮南部の釜山、京城、光州《クァンジュ》、晋州などを回った。晋州では布施辰治が講師となり、衡平社が創立されたのと同じ晋州座が会場だった。準備委員会に衡平社の姜相鎬《カンサンホ》、張志弼《チャンチピル》が名を連ねた。これは北星会が衡平社と連携したことで実現した活動だった（『朝鮮日報』一九二三年八月六日、一四日）。

なお、北星会の会員孫永極《ソンヨングク》は、衡平社創立直後の一九二三年六月発行の社会主義雑誌（日本語）『進め』第一年第五号に「朝鮮の水平運動――衡平運動の主義と其主旨書」を書いている（『史料集・続』三七三～三七四頁）。衡平社の創立経過を簡単に紹介した後、その主旨書を日本語に翻訳して掲載している。前述の朴烈の文章と同じく、創立からわずか一カ月ほどしか経っていない時期に「衡平社主旨」を日本語で最初に紹介したものである。朝鮮人留学生が衡平運動を日本に紹介するうえできわめて重要な役割を果たしたことが、朴烈や孫永極の文章からもわかる。

機関紙『斥候隊』で衡平社の歴史的意義を訴え

北星会は朝鮮語の機関紙『斥候隊』を第一〇号まで発行したが、第三号と第七号だけ現存する。衡平社設立の翌月五月一五日発行の第三号（発行人・宋奉瑀）では、掲載記事九本のうち、衡平社関連の記事は四本を占めた。一面は「衡平社の出現」（李如星《イヨソン》）で、衡平社の封建身分を打ち破る歴史的意義を訴えたほか、「野火の勢いで蜂起する白丁階級解放運動」（執筆者不明）、「晋州で創立された衡平社とその運動への希望」（筆者は李鍾模《イチョンモ》と思われる）を掲載した（『史料集・続』三六八～三七三頁）。

斥候隊

衡平社의出現

『斥候隊』第３号（1923年５月）

衡平社の活動を紹介する言論活動では、『斥候隊』編集委員の一人張赤波《チャンチョクパ》は一九二三年に「朝鮮衡平運動の蹶起《けっき》――日本水平運動の発展」を『朝鮮日報』に八回連載した。全水の創立を伝え、衡平社の宣言文、旧「白丁」差別の歴史を書き、無産者運動の課題とする主張を展開した。

一九二四年七月五日発行の『斥候隊』第七号（発行人・李如星）では、一三本の記事のうち衡平社関連の記事としては、宋奉瑀の「時評　危機に陥った衡平社運動」のみだった。一九二四年七月段階の衡平運動が、「非白丁」の幹部が多い晋州派とソウル派に分裂していたことに危機感を抱いていたことがわかる。他は、「縦断よりも横断へ　民族的一致と階級的一致」（馬鳴《マミョン》）、「婦人の解放と社会主義」（不明）などで、プロレタリア解放と民族問題、女性解放などを論じている。

北星会、北風会、その後の衡平社との連帯

北星会は朝鮮での活動に軸足を移していくことで、いままで以上に衡平社との連携が強まった。建設社と改名したあと、一九二四年一一月二五日に北風会に改組した。北星会のメンバーの多くは北風会に参加したが、一九二四年一一月二七日の北風会第一回執行委員会で決定した綱領で「労農・青年・女子・衡平運動の知的教養と階級的訓練とともにあらゆる現状打破の運動を支持する」と明記し、翌年には醴泉《イェチョン》衡平社事件対策集会などの取り組みに参加した。

日本に残った北星会メンバーは、一九二五年一月三日に一月会を結成した。一月会は、日本の共産主義運動との連携、朝鮮の共産主義運動の統一に一定の役割を果たしたが、衡平社との連帯活動の記録はない。

日本では、衡平社との連帯を進めた平野小剣が一九二四年一〇月に発覚した遠島スパイ事件を疑われて全水から除名され、米田富も謝罪処分を受けた。このため、衡平社との連帯を進めようとした水平社幹部の影響力が失われていった。衡平社の分裂、平野小剣の影響力の低下、共産主義グループの対立や階級闘争解消論により、在日留学生を中心にした在日朝鮮人が衡平運動にかかわることはなくなっていった。

参考文献

塚崎昌之「水平社・衡平社との交流を進めた在阪朝鮮人――アナ系の人々の活動を中心に」(『水平社博物館研究紀要』第九号、二〇〇七年)
川瀬俊治「北星会の朝鮮衡平運動への連帯とその限界性――機関誌『斥候隊』を中心にして」(『部落史研究』第三号〈全国部落史研究会〉、二〇一八年三月)
在日朝鮮人團體事典韓日共同編纂委員会編『在日朝鮮人團體事典 一八九五~一九四五』民族問題研究所、二〇二一年(韓国語)

一九二〇年代後半の衡平運動

渡辺俊雄

ここでは、一九二五年から一九三〇年に至る衡平運動を概観する。衡平社《ヒョンピョンサ》は一九二三年四月に慶尚南道の晋州《チンジュ》で創立された後、翌二四年には衡平社革新同盟との対立を抱えながらも、同年八月に統一大会を開催する。一九二五年四月に開催された衡平社第三回大会は、朝鮮全土にわたる衡平運動の本格的な展開を告げる大会だった。

一九二〇年代後半の衡平運動は、衡平運動の全期間を通じて最も組織が拡大し、活動内容も豊かで、多くの貴重な経験をした。各地における独自の多様な運動が展開され、女性や青年の取り組みが見られた。差別事件が数多く起きていたが、差別事件への取り組みには新しい様相を見せる。水平運動との交流・連帯が志向されたことも、重要な歩みの一つである。

衡平運動は旧「白丁《ペクチョン》」出身者（以下、「白丁」）への差別の撤廃をめざした自主的な運動だったから、衡平社には多様な社会階層の「白丁」が組織されており、衡平運動の内部にさまざまな意見の対立も生じた。しかし衡平社は全体として組織の統一を堅持しながら、衡平運動を進めた。そこからは、多くの教訓も得ることができるだろう。

一九二五年＝朝鮮全土の運動

一九二五年四月、衡平社第三回大会が京城府堅志《キョンジ》洞にある侍天《じてん》教堂で開催された（『史料集』一六二頁以下）。大会は以後第五回まで侍天教堂で開催された。同大会では差別問題、運動進行方針、教育問題、生活問題など多くの議題が討議された。「白丁」に対する差別事件とどう闘うかについての運動方針も本部から提起された。「我運動に迫害を加へるものに関する件」では、官庁とくに警察官による衡平運動への差別待遇に対して団結の力で対抗するとしたが、この一節は穏当ではないとして警察によって削除を命じられた。衡平社が創立以来重要視していた「白丁」の子どもに対する教育問題については、支分社ごとに講習所を設けて教育を施すことを決定した。同大会後、京城府臥《ワ》龍《リョン》洞七五番地に本部事務所が置かれた。

ところでこの大会の直前に社会主義団体である火曜会が主催して開かれた全朝鮮民衆運動者大会には、衡平社「中央総部」が加盟していた（『史料集』一一一頁）。「中央総部」は衡平社革新同盟が名乗っていた名称だったから、これは革新同盟としての加盟だった。衡平社の大会で李祉永《イチヨン》は、こうした社会運動への参加については衡平社内部に賛否両論があり、今後は絶対中立の立場を取るように主張した。衡平社の活動家は、それ以後も朝鮮全土の社会運動に積極的に参加していたが、衡平社という組織としては慎重だったようすがうかがえる。日本の植民地支配下で闘われる社会運動としての判断だっただろう。ただし、その後の大会には朝鮮労働党や朝鮮女性同友会、朝鮮青年総同盟など多くの社会運動団体が祝辞や祝電を寄せており、衡平社は植民地支配下の朝鮮における社会運動の一翼として期待されていた。

衡平社が「白丁」の生活問題を重視して取り組むようになったのは、第三回大会以降の特徴である。大会では生活問題として「屠牛場に関する件」「獣肉販売に関する件」「牛皮乾燥場に関する件」「屠夫料金に関する件」の四項目が取り上げられた。こうした生活問題の重視は、衡平社革新同盟以来の課題だった。

衡平社員が街頭で宣伝ビラを配布するようす
（『東亜日報』1925 年 4 月 26 日）

衡平社第三回大会はそれまでの組織の対立を克服して開催された大会ではあったが、同大会に参加した衡平社の分社数は従来から革新同盟の影響が強かった江原道や京畿道・忠清北道・忠清南道などが多く、慶尚北道・慶尚南道から参加した分社は少ない。また同大会で決定した中央執行委員の構成を見ても、やはり革新同盟の執行委員をしていた活動家が多く、第三回大会での組織の統一は、旧革新同盟の活動家あるいは運動方針を軸におこなわれたといえる［渡辺俊雄］。こうした内部対立を抱えながらも、衡平社は全朝鮮を網羅した朝鮮衡平社として発展していった。組織も咸鏡南道や黄海道にまで広がっていった。

なおいつの時点で採択されたのかは不明だが、一九二五年当時の衡平社の綱領として次のような内容が知られている（京畿道警察部『治安概況』一九二五年）。その文言は衡平運動が「白丁」による自主的な運動であることを強調したもので、全国水平社（以下、全水）の創立大会で決議された綱領に酷似している。

一、白丁階級の解放運動は白丁階級自身の行動に依り絶対に解放を期す
一、完全なる新社会を実現する為積極的に闘争す
一、白丁なる侮辱的称呼を撤廃し凡《すべ》ての人類平等を期す

もっとも、創立当初の衡平社は「地域活動家の連合体」としての性格を強く持っていたから［金仲燮］、地域によって独自の運動が組織された。第五回大会まで、衡平社は中央執行委員長を置いていない。第三回大会直後の四月二八日、衡平社創立の主要活動家であった姜相鎬《カンサンホ》・李學贊《イハクチャン》などが独自に臨時総会を開催し、「一、人生は天賦不可欠不可侵の自由を有して居る、自由なき心に如何にして生の意義があるや――半千年歴史ある奴隷この吾等は喪失したる人権を得なければならぬ。三、蹶起《けっき》せよ！　衡平階級よ！　集れよ集れよ此の旗の下へ」とする宣言を採択した（『史料集・続』四七三頁）。第二項は史料に欠落していて不明だが、衡平運動は「白丁」を主体に実践することを謳《うた》ったものだ。

支社・分社組織の広がりとあわせて、「白丁」の各階層別組織がつくられていった。大会前の一月には、京城にある屠畜場の労働者（屠夫）を中心に正衛団が結成された。正衛団は低賃金など厳しい労働条件のもとで働いていた屠夫の生活改善をめざしており、結成時には「一、我々は、我々の

生活安定を図ること」など三項目の綱領を定めた（『時代日報』一九二五年一月一二日＝『史料集・続』一五九頁）。屠畜場の屠夫はのちに屠夫組合に組織されていくようになり、正衛団は有名無実になったとして、一九二八年の第六回大会でその復興が決定されたが（『史料集』二三七頁）、のちに総本部の「正衛部」に再編されていく。

正衛団

また六月には、学校に通う学生を組織するものとして、衡平学友同盟（または衡平学友会）が結成された（『史料集・続』四七三頁）。「白丁」出身の学生たちの団結を図るとともに、若い活動家を養成することも念頭に置かれ、「一、吾人は教育を受けて実生活の基本精神を培養する」など三項目の綱領を掲げた（『毎日申報』一九二五年八月八日＝『史料集・続』一六七頁）。衡平学友会は、一九二九年の第七回大会における規約改正によって解消し、総本部のなかの「学生部」となる（『史料集』三一一頁）。

この間も、差別事件が頻発していた。四月には慶尚北道の達《タル》城《ソン》で「白丁」の子どもが学校に入学することを拒否され、これに抗議する「白丁」に対抗して、非「白丁」の人たちが「白丁」が販売する牛肉を買わないという牛肉不買同盟を組織した（『東亜日報』一九二五年五月二一日）。七月には慶尚南道の三嘉《サムガ》で日本人執達吏による差別事件が起きた（『東亜日報』一九二五年七月三〇日）。九月には慶尚北道の達城郡玄風《ヒョンプン》面で衡平社員の家が襲撃されるといった事件も起きている（『東亜日報』一九二五年九月四日）。なお衡平社創立当初から問題となっていた戸籍簿における差別記載を削除する課題は、一〇月の全羅北道益山《イクサン》郡での黄登《ファンドゥン》分社創立の際にも即時撤廃することが決議されており（『東亜日報』一九二五年一〇月一三日）、地域によってはまだ問題解決には至っていなかったと推察される。

この年に起きた最大の事件は、八月に慶尚北道醴泉《イェチョン》郡で、衡平社の大会で挨拶した青年会長が「白丁」は祖先が犯罪を犯したから「白丁」になったとしたうえで衡平運動など不要だと発言し、これに抗議した衡平社員が青年会員らによって襲撃された事件である。この事件には衡平社の総本部などからも多数応援に駆けつけたが、このうち張志弼《チャンチピル》と李東求《イトング》が大きなケガを負った。この事件への抗議運動は多くの社会運動団体によって取り組まれ、当時の新聞各紙でも大きく報道されて、「白丁」への差別意識の厳しさが強く指弾された。事件の直後、雑誌『新民』が特集を組んで「白丁」の歴史を紹介したほか、衡平社総本部の呉成煥《オソンファン》などの識者がコメントを寄せるなど（『史料集・続』三二七〜三二八頁）、大きな反響をもたらした。

一九二六年＝多様な活動の展開と水平運動への共感

一九二六年に入ると、各地での独自の運動が新聞でも多く報じられている。慶尚北道の金泉《キムチョン》分社では一月に衡平夜学を開始した（『東亜日報』一九二六年一月一九日）。同じ金泉分社では二月に臨時大会を開き、その議題の一つとして「水平社訪問の件」を決議した（『東亜日報』一九二六年二月一五日）。総本部でも中央執行委員会を開き、水平社の現状視察のために張志弼と呉成煥を派遣することを決議した（『東亜日報』一九二六年二月一九日＝『史料集・続』一八九頁）。このときには特派員の派遣は実現しなかったが、一一月にはあらためて張志弼と金三奉《キムサムボン》を派遣することを中央執行委員会で決議するなど（『東亜日報』一九二六年一二月二日）、水平社との交流の道を本格的に探り始めた。

同年四月、慶尚南道の晋州で衡平社慶南道連盟が組織された。同連盟の創立総会では臨時議長を姜相鎬が務めて趣旨説明をし、申鉉壽《シンヒョンス》が経過報告などをした。同総会で採択された宣言と綱領は以下のような文言であり、水平運動への強い共鳴・共感を読み取ることができる（『毎日申報』一九二六年四月一四日＝『史料集・続』一九五頁）。

宣　言

全国に散在する衡平社員よ、団結しよう！

我らは同じ人間として過去あらゆる不合理の犠牲となり、悲憤嗚咽《おえつ》の中に無念の生活をしてきた白丁階級だ。

我らは、横暴な強者階級に踏みにじられ、禽獣《きんじゅう》の待遇を受けてきた我らだ。

考えてみよ、その悪魔の各階級から無理な虐待を受けるたびに、訴えるところもなく父子が互いを呼び合い、母子が互いにかばいあって、血の涙を流して、どれほど空しく泣いたことか。我らは我らが「白丁だ」ということを誇りにし、勇進する時が近づいたことを知った。我らは卑屈な言動と臆病な行為を捨てて、真の人生の熱と光を求めて礼賛しよう。

衡平四年四月（ママ）日

綱　領

一、我らは階級戦線の先鋒《せんぽう》だ。一致団結して死生をともにす

一、我らはすべての不合理な現状と闘い、絶対の解放を期す

一、我らは経済の自由と職業の自由を社会に要求し、その獲得を期す

一、我らは人間性の原理に覚醒し、人類の最高理想に向かって突進す

一九二六年四月の衡平社第四回大会では多くの議題が審議されたが、その一つは「規約」が改正され、衡平社は「朝鮮各地に散在する衡平団体を以て組織する」としたことだった（『史料集』二一〇頁）。また同大会で選ばれた中央執行委員には金鍾澤《キムチョンテク》や李東煥《イトンファン》（李同安《イトンアン》）など、その後に衡平社総本部の中枢を担うことになる新しい活動家が多数加わった。

大会後、衡平社は京城府雲泥《ウニ》洞二三番地にある一戸建て・平屋の民家を買い取り、本部事務所とした。その際、資金の不足分は「天安富豪」と称された趙貴用《チョクィヨン》から借財したが、のちに趙貴用から総本部に寄付された（『史料集』三四二頁）。同事務所は、一九三三年に売却されて雲泥洞六八番地ノ一に移転するまで、本部会館として使われた。

その前後、各地では女性の衡平運動団体が組織されている。たとえば三月に忠清南道の海美《ヘミ》では衡平青年会とあわせて女性解放会の創立祝賀式が開催されたし（『朝鮮日報』一九二六年二月二一日＝『史料集・続』一八九頁）、その他の地域でも女性解放会あるいは女性同友会の組織が確認される。同友会という名称は一九二四年五月に結成された朝鮮女性同友会にならったものだが、衡平社として全朝鮮を網羅した女性団体は結成されず、第七回大会の規約改正で総本部のもとに「女性部」が置かれただけだった。

青年会組織も、各地域で結成されていた。青年会によっては、一九二四年一一月に結成された朝鮮青年総同盟に独自に加盟した場合もあった。一九二六年四月、大会の開催にあわせて、各地の青年会を糾合する衡平社青年連盟（または衡平青年総連盟）を設立した。趣旨目的には「一、本総聯盟は有機的組織として青年の使命を尽す。一、本会は衡平青年の社会的意識を完全に貫徹せしめ無産大衆の最大利益を目標とし衡平青年を指導す」とあった（『史料集・続』六四頁）。また総本部は、本部会館のなかに衡平学校を設ける予定だとも報じられていた（『東亜日報』一九二六年五月一七日）。

こうした着実な歩みのなかでも、差別事件は後を絶たなかった。とくに警察官による差別は多く発生しており、三月に総本部は朝鮮総督府に対して警察官による差別に関して積極的処置を取ることを要求した（『時代日報』一九二六年三月二九日＝『史料集・続』一九二頁）。

ところで同年九月、衡平社は臨時大会を開催している。同臨時大会では、次のような宣言と綱領が新たに採択された（『毎日申報』一九二六年九月二八日＝『史料集・続』二〇五頁）。

◇宣言

一、人生は天賦不可離不可譲の自由がある。人格と自由を没却《ぼっきゃく》する者にどうして生の意義があろうか！

一、数千年の歴史を有する奴隷たる我等は、喪失した人権を取り戻そう！

一、蹶起せよ！　衡平階級よ！　集まれ！　この旗のもとに！

◇綱領

一、我等は経済条件を必要とする人権解放を根本的使命とする

二、吾等は一般社会的団体と共同提携して合理的社会建設を期する
三、吾等は衡平運動の円滑と団結の速成を期する
四、吾等は本階級の当面する実際的利益のために闘争する

また同年一二月には、栗須七郎が一九二四年に著した『水平宣言』が朝鮮語に翻訳・出版されたが、衡平社は総本部としてその印刷費を調達し、衡平社員に無償で配布した（『朝鮮新聞』一九二六年一二月二二日＝『史料集・続』二〇九頁）。衡平社は水平運動から大きな影響を受けたが、それは水平運動の理念を積極的に学ぼうとした結果だった［駒井忠之ほか］。

一九二七年＝弾圧に抗する強い組織へ

一九二七年一月、衡平社は高麗革命党事件によって大きなダメージを受けた。高麗革命党事件とは、衡平社や天道教、正義府の活動家が朝鮮の独立と共産主義社会実現のために高麗革命党を組織したとされる治安維持法違反事件である。衡平社の活動家で関連したとして逮捕されたのは六人だが、そのうち張志弼と趙貴用は第一審で無罪、徐光勲《ソクワンフン》が第二審で無罪となり、李東求・柳公三《ユコンサム》・呉成煥は有罪判決が確定した（『史料集・続』七一～七二頁）。高麗革命党は衡平社の幹部が組織的にかかわったものではない。有罪が確定した三人はいずれも天道教の信者として、個人的に事件に関与したと考えられる。

しかし主要な活動家が長く獄につながれたことは衡平社にとって打撃であり、こうした権力の弾

圧に対抗する強い組織に衡平社を再編することが急務だと意識された。四月に開催された衡平社第五回大会では、本部の名称を総本部とすることを決定した（『朝鮮日報』一九二七年四月二九日＝『史料集・続』二一九頁）。また第五回大会では、綱領を次のように改定した（『史料集・続』四七五頁）。

一、我等は経済的條件を必要とする人生（権）解放を根本的使命とす
一、我等は我等自身団結して衡平運動の円滑と単一の健（促）成を期す
一、我等は一般社会団体と共同提携し合理的社会の建設を期す
一、我等は本階級の当面したる実際的利益の為め闘争す
一、我等は本階級の訓練と教養を期す

これは、前年に定められた綱領に「我等自身団結して」という文言を挿入して衡平運動を「白丁」自身による運動としてあらためて規定したもので、一九三四年に改定されるまで長く衡平社の綱領として維持された。そして衡平運動への厳しい弾圧のもとでも、差別事件が繰り返される。一月には平安南道の江西《カンソ》郡で、「白丁」の娘と結婚した区長が区長辞任を余儀なくされる事件が起きた（『毎日申報』一九二七年一月五日＝『史料集・続』二一二頁）。六月には忠清南道の全義《チョニ》で、学校組合によって獣肉販売所が建設・営業されたために「白丁」の生活が脅かされているとも報じられた（『東亜日報』一九二七年六月八日）。こうした差別事件が頻発する状況について、中央執行委員会は「朝鮮人巡査及下級朝鮮人たる労働者が最も差別」すると推測している（『史料集』二二七頁）。

ところで三月三〇日から四月一〇日まで、中央執行委員だった李東煥が水平運動を視察するため

に大阪や京都、香川などを訪れた。しかし朝鮮に帰った後に衡平社の第五回大会に臨んだ李東煥は、水平運動は階級打破を目的とする闘争に進んでいることから衡平社と水平社との提携は時期尚早だと報告し、同大会では水平社との提携の件は保留となった（『史料集』一一九頁）。李東煥は水平社視察の後の五月、衡平社の歌をつくったがその内容が不穏であったとして、鍾路《チョンノ》警察署に逮捕されている（『朝鮮日報』一九二七年六月一日＝『史料集・続』一二〇頁）。

高麗革命党事件後の衡平社について、鍾路警察署は「運動も活気なく単に李東煥、金三奉に依り運動を継続」している状況だとしていた（『史料集』一二五頁）。このうち金棒《キムボン》（＝金三奉）は、同年一二月に広島で開催された全水第六回大会に出席し、挨拶をした（『史料集・続』四二六頁）。その金三奉と李東煥がいずれも水平社との交流に積極的だったことは、衡平社としての意欲を示している。

一九二八年＝差別事件への取り組みの増加

一九二八年四月、衡平社第六回大会が京城府慶雲《キョンウン》洞の天道教記念館で開催された（『史料集』一三四頁以下）。同記念館はその後、第一一回を除く第一二回大会まで大会の会場として使われた。

同大会では規約の改正案が審議され、衡平社を「全国各地の白丁男女を以て組織」すると規定した。また衡平社としては初めて中央執行委員長の職が置かれ、金鍾澤が選出された。大会の資料には常務委員の手当の記録が残されており、李春福《イチュンボク》・金鍾澤・李東煥・沈相昱《シムサンウク》・金棒が四カ月から一カ月の非常勤で総本部に詰めていて、こうした活動家によって総本部が維持されていたことがわかる。そして中央執行委員は朝鮮各地で夏期講演講座を開催して運動の趣旨を宣伝すると同時に、巡回委員として差別事件の処理や組織強化に奔走した。

なお同大会は衡平社を中央集権制の組織とするために、地方衡平社の名称を衡平社〇〇（地名）支部と改称することとしたが（『史料集』二三五頁）、これはこれまで比較的自由に認められていた各地における独自の運動に対して統制を厳しくするという側面を有していた。

ところで同大会では、一九二六年に結成された衡平社青年総連盟を解体し、総本部のなかの「青年部」とすることが決定された（『東亜日報』一九二八年四月二七日）。一九二七年に民族単一政党と性格づけられていた新幹会が結成されたのにともなって、青年組織も朝鮮青年総同盟に合流することになったことに沿うものだったと考えられるが、総本部内には反対意見もあった（『東亜日報』一九二七年一二月三一日）。なおこの大会では初めて女性の代議員が参加しており（『東亜日報』一九二八年四月二四日）、朴世淑《パクセスク》（李東煥の妻）だったと思われる。

衡平社の大会では、大会の翌日に記念式が開かれることが常だった。記念式では「余興」が予定されていて、そのプログラムが残っている。さまざまな歌や演劇が披露されているが、この年の余興の冒頭には「会歌・合唱」とある（『史料集』二五〇頁）。

衡平社第六回大会では、懸案だった水平社との提携が賛成五八、反対一二で可決された。しかし李東煥によれば、大会直後の中央執行委員会では水平社との「提携方法の確立を径庭甚《けいていはなは》だしき為との理由を張志弼が主唱し当分の間保留される事に決定」し、水平社との提携の議論はその後されなくなったという（『史料集・続』五五三頁）。

水平社との交流実現に意欲的だった李東煥は、五月に開催された全水第七回大会に出席するために京都まで赴いたが、挨拶の途中で検束され、十分な意見交換ができないまま日本を離れざるを得なかった。この際、李東煥は松本治一郎から下関までの旅費を工面してもらい、松本と面会するために福岡市内にしばらく身を潜めていたが、その面会は実現しないまま朝鮮に戻った（『史料集・続』五七一頁）。

衡平社創立後の差別事件の件数は、創立当初には十数件だったものが一九二七年には四四件と急に増え、一九二九年に最も多い六八件を記録している（『史料集』一三六頁）。この前後に差別事件が増加する特別の理由は考えられないから、この件数の増加は衡平運動が差別事件と闘う力量を増したことの反映と考えるのが妥当だろう。

また一九二八年に鍾路警察署がまとめた「最近紛糾事件に関する件」（『史料集』二六四頁）には、衡平社が差別事件への取り組みに先立って、差別事件を起こした個人ではなく関係する組織などに「警告文」を発している事例がいくつか報告されている。この警告文については、少し後の事例（一九三三年）になるが、慶尚北道の郡役所に警告文を発し、謝罪文を新聞四紙に発表すること、衡平社の総本部に謝罪文と覚書を提出することを求めたという［池川英勝、一九九三］。だとすれば、警告文とは水平運動でいえば差別事件に対する糾弾要綱の作成に相当するものであり、差別事件の社会的解決をめざす社会的糾弾への発展と見ることができる。

一九二九年～三〇年＝厳しい状況のなかで

一九二九年四月、衡平社第七回大会が開催された（『史料集』三〇四、三一八頁以下）。中央執行委員長には趙貴用が選ばれ、中央執行委員のなかでは他の社会運動との連携を重視する若い活動家の数が増した。しかし同大会の議案書がすべて事前に鍾路警察署によって押収されるという弾圧を受けた。

ところで衡平運動の活動を支える主な収入は、各地衡平社の分担金によることが基本だった。しかし実際には分担金は十分には集まらず、総本部はしばしば文書で本部維持費の納入を催促し、銀行からの借入れに頼らざるを得ないこともあった（『史料集・続』四七七頁）。

居昌衡平社創立祝賀式（『東亜日報』1926 年 6 月 30 日）

ここで衡平社の旗についてふれておく。衡平社を象徴する旗は「三色旗」とも呼ばれ、フランス国旗を模したものだったことが知られている。衡平社創立の翌年にはつくられていたようだが、写真で確認できるのは一九二六年の慶尚南道の居昌《コチャン》衡平社創立時の旗で（『東亜日報』一九二六年六月三〇日）、フランス国旗を縦にしたような形である。その後、衡平社の旗は各地で思い思いにつくられていて、総本部は第七回大会を前にしてこれを統一することに決定した。総本部は衡平社旗について、「一等級の毛糸で長広幅を染色、永久不変、旗竿《はたざお》は長さ六尺の木製の二ツ折り方式に黒漆塗りで鉄槍《てつやり》を付け」（『史料集』三〇一頁）ると細かく定めている。総本部ではこれを五円で各支部が購入することを求めた。

五月になって、衡平社の機関誌『正進』創刊号が刊行された（『史料集・続』八八頁以下）。衡平社の機関誌の発行はこれまでにも何度か試みられ、実際に発行されたものもあると考えられるが、現在現物が確認できるのはこの『正進』創刊号だけである。『正進』は第二号も編集が進められていて、第二号の原稿を目下検閲中だとする史料もあるが（『史料集』三四一頁）、発行はされなかった。

一九三〇年四月、衡平社第八回大会が開催された（『史料集』三七八、四二三頁以下）。中央執行委員長には引き続き趙貴用が選ばれた。衡平社の支部規約が新たに定められ、衡平社は「本支部の地域区内に居住する白丁個人で組織され」るとした。またこの大会前の三月には『衡平ニュース』第一号が、五月には同第三号が発行されており（『史料集』三六六、四四一頁）、恒常的な組織活動が続けられていた。

この間にも、差別事件は頻発している。たとえば一九二九年三月、忠清南道の扶餘《プヨ》では掛け売りした肉の代金を支払うように督促にいったことが「白丁」としては不遜な振る舞いだとして殴打された（『中外日報』一九二九年三月四日＝『史料集・続』二三七頁）。一九三〇年二月には全羅北道の金《キム》堤《ジェ》で警察官による露骨な差別事件が大問題となった（『史料集』三六〇頁）。同年三月には忠清北道の堤川で「白丁の奴は死んでもいい」といって暴行される事件も起きている（『朝鮮日報』一九二九年三月一九日＝『史料集・続』二四五頁）。衡平社の創立後すでに七年を経た段階でも、「白丁」を侮辱して殴打まですることは許されない人権侵害だとする意識が朝鮮社会には行きわたっていなかったことを示している。

また衡平社第八回大会では九月の第三日曜日を「衡平デー」と定めて、各支部で講演会や講座を開催することを決めるなど、衡平社は厳しい差別の現状に対して懸命に闘おうとした。しかし一九三〇年四月、常務執行委員会で「賤視差別積極的撤廃の件」を議題にした際、鍾路警察署がそのうち「全国的に総動員をなし最后《さいご》まで抗争」するという一節の削除を命じたように(『史料集』四二二頁)、衡平運動が厳しい取り締まりと監視のもとに闘われていたことは衡平運動史を評価する際に忘れてはならないことである。

当時、衡平社の運動と総本部の組織はさまざまな問題を抱えていた。鍾路警察署は、一九二九年一二月には衡平社の実情を「幹部間に事毎に衝突し会内四分滅裂の状態」だと評していた(『史料集・続』四七七頁)。また一九三〇年四月の大会の直前、京畿道の水原《スウォン》支部は京畿大会の開催を準備していたが、それについて鍾路警察署は「衡平社本来の運動方針を没却し社会団体と合流」をめざす動きだと警戒を強めていた(『史料集・続』四七八頁)。

また鍾路警察署は、衡平社は第八回大会当時には衡平社創立以来の「旧派」、他の社会運動との連携を重視する「新派」、社会運動との連携の意義を認めつつも衡平運動の独自性を大事だと考える「中間派」が対立していると、衡平社内の分裂を強調していた(『史料集』四三七頁)。そのなかでは、李東煥や徐光勲など「中間派」とされる活動家がこの時期の総本部の活動を維持しており、これらの活動家は「総本部派」と位置づけられるだろう〔渡辺俊雄〕。徐光勲は、「旧派」の張志弼は地方の社員の間にも依然として相当信頼が厚いとする一方、「新派」はただ衡平運動を急進的にのみ主張して衡平運動を誤ることになると観測していた。

以上、一九三〇年までの衡平運動の展開を概観した。一九三一年の衡平社第九回大会では衡平社解消問題が提起された。解消意見は大会で否定されたものの、衡平運動は新たな困難を抱えることとなる。また、衡平運動の全活動期を通して見れば、およそ二五〇の地域で衡平社の分社あるいは支社の存在を確認できるが［渡辺俊雄］、そうした各地域における「白丁」の生き様や差別との闘いの歩みを丁寧に跡づける作業は、なお今後の課題として残されている。

参考文献

池川英勝「東亜日報（一九二三～二八年）にみられる朝鮮衡平運動記事」〈1〉〈2〉〈3〉（『朝鮮学報』第六〇輯・第六二輯・第六四輯、一九七一年七月・一九七二年一月・七月）

池川英勝「朝鮮衡平運動の展開過程とその歴史的性格」（西順蔵・小島晋治編『増補 アジアの差別問題』明石書店、一九九三年）

金仲燮（髙正子訳）「衡平運動の歴史の新しい理解のために」（金仲燮・水野直樹監修、部落解放・人権研究所衡平社史料研究会編『朝鮮衡平運動史料集』解放出版社、二〇一六年）

駒井忠之・黒川みどり・渡辺俊雄・朝治武（コーディネーター）「〈特集・全国水平社創立一〇〇周年〉座談会／水平運動史研究の新たな論点——全国水平社創立の思想と被差別マイノリティとの関係」（『部落解放』第八一九号、二〇二二年三月）

渡辺俊雄「衡平分社の地域的展開」（『部落解放研究』第二〇八号〈部落解放・人権研究所〉、二〇一八年三月）

コラム●水平運動は朝鮮でどのように報道されたか

廣岡浄進

水国争闘事件と重なった衡平社創立

水平運動は朝鮮でどのように報道されたのだろうか。日本統治下の朝鮮で発行された新聞には、朝鮮人経営の朝鮮語新聞である『東亜日報』や『朝鮮日報』、朝鮮総督府の意向を反映した朝鮮語新聞『毎日申報』、同じく総督府の日本語御用新聞『京城日報』、さらに朝鮮各地で在住日本人が発行していた日本語新聞などがあったが、『史料集・続』で利用した韓国の複数のデータベースからは戦前期で、わかる限りの重複を除いて合計五〇八件の水平社関係記事を確認できる。新聞によって残存状況は異なり、データベース未収録の記事もあるので、実際の記事数はもっと多いだろう。年ごとのその内訳は、一九二二年が一件、以降二三年五五件、二四年一三九件、二五年一〇三件、二六年五二件、二七年八二件、二八年三三件、二九年一二件、三〇年四件、三一年一件、三二年一件、三三年一〇件、三四年五件、三五年二件、三六年二件、三七年二件、三八年一件、三九年なし、四〇年三件である。衡平社《ヒョンピョンサ》創立の翌年にあたる一九二四年に報道が集中しており、全体の四分の一強を占めている。また、一九三〇年代に記事が激減しているのが目につく。

知られる限りで最初に水平社にふれた記事は、『朝鮮日報』一九二二年一二月二四日「社会運動についての感想」である。この記事は日本で社会主義者として活動していた金鐘範《キムジョンボム》の談話であり、日本における無産運動の動向を紹介する流れで「日本全国の百数十万の白丁《（ママ）》（特殊部落民）が水平社という大きな団体を組織して弱者の解放と人類の自由平等を主張する宣言」を出したことを短く紹介している。

翌二三年三月下旬以降、水国争闘事件を機に水平社に注目が集まる。水国争闘事件とは、水平社が差別糾弾に介入してきた右翼団体国粋会と奈良県で衝突した事件である。第一報は『東亜日報』が一九二三年三月二一日に「国家主義者と社会主義の戦争」と報じ、『朝鮮日報』もこれと競いあうように経過を連日詳報し、あわせて水平運動そのものについて紹介している。『東亜日報』は二二日付社説「日本の水平運動――階級闘争の一例」で水平運動が階級闘争だという認識を示し、これが社会革命をめざすもので「全世界の改造運動に相応する」と注目している。

水平運動を論じた『東亜日報』社説（1923 年 3 月 22 日）

この一連の報道後の四月に衡平社《ヒョンピョンサ》の発起が報じられると、『朝鮮日報』では六月、張赤波《チャンチョクパ》の八回連載の論文「朝鮮衡平運動の蹶起《けっき》！日本水平運動の進展！」が、無産者運動として衡平社設立を評価し、さらに全国水平社（以下、全水）創立大会で採択された宣言と決議をほぼそのまま朝鮮語に翻訳して紹介している。朝鮮語新聞の記者の多くは社会運動の活動家でもあったので、水平運動を左翼運動の強力な一翼としてとらえ、朝鮮で衡平運動が発足すると、両者のつながりにきわめて強い関心を示していく。

なにを、どう報じたか

報道が注目したのは、全水の糺弾闘争の戦闘性である。一九二四年から翌年にかけて、大阪や山口でも国粋会との衝突やその防止のために警官隊が出動したという報道が見られる。二三年の徳川家達《いえさと》公爵への辞爵勧告にかかわっては、家達暗殺未遂事件で逮捕された松本源太郎の獄死など、一連の経過を各紙が報じている。

各紙の視点の違いが垣間見える事件報道もある。二五年一月一八日に群馬県で被差別部落が襲撃された世良田《せらだ》村事件が起きると、二一日付『毎日申報』は「乱闘事件」として報じたが、三一日付『朝鮮日報』は布施辰治弁護士の談話を紹介しつつ七段組で一般農民による被差別部落襲撃であったことを伝えている。日本語新聞『釜山日報』も二月五日付でこれが計画的な襲撃であったと報じている。一方で『京城日報』と『毎日申報』は、ともに一月二八日付で詳報を出して差別言動が発端だったことを伝えてはいるが、『京城日報』はこれを「焼打」と書いているのに対し、『毎日申報』は「乱闘」のままで記事の扱いも小さい。

このさなかの一九二五年二月四日の『釜山日報』は、「朝鮮水平社議長」富澤清助が「全鮮水平社並に朝鮮衡平社の会員が群馬県水平社に応援」に行こうとする動きを「小西府尹岡本釜山署長等との諒《りょう》解《かい》」を得て引き留めていると伝えている。富澤は、前年冬には日本に渡航して全水中央執行委員長の南梅吉と「握手成《な》つた」と報じられていたが、三月一六日には「水平社朝鮮本部を釜山に設置」するための資金調達をめぐって詐欺の嫌疑で拘引され、その後有罪判決を受けた。［水野直樹］はこれが朝鮮総督府による予防的な弾圧だった可能性があると指摘している。

一九二六年一一月五日『朝鮮新聞』を皮切りに、福岡連隊糺弾闘争が報じられる。明けて一九二七年二月一三日には、「福岡連隊爆破陰謀事件」として報道解禁され、松本治一郎らの検挙が各紙で一斉に報じられる。五月二三日には徳川邸放火事件も報道解禁され、水平社同人の犯行であるとされた。一一月には北原泰作の天皇直訴があり、その関連報道も見える。「福岡連隊爆破陰謀事件」は権力によるねつ造であったし、これらの事件報道の自由度は低かったと思われる。もっとも、反権力闘争という水平運動への印象を強めた効果ももたらしたであろう。

水平社と衡平社との提携

事実かどうか疑問は残るが、水平社に朝鮮人が参加しているという記事もある。『東亜日報』一九二三年五月二九日では、京都下京区東條（東七條の誤りか）水平社に京城安国洞《アングク》出生の洪鍾聲《ホンジョンソン》（二七）が加入し、大阪、長崎、神戸、敦賀などでも同様の動きがあると報じている。水平運動と在日朝鮮人運動との接点はこれまでの研究でも明らかにされているところであり、たとえば一九二五年四月八日『東亜日報』は神戸で結成された朝鮮労働同盟会の創立発会式に「水平社神戸本部岸本氏」（岸本順作だと思われる）らが参加し、同会の「外部総務」に水平社から前田平一が就任したことなどを伝えている。

水平社と衡平社との提携をめぐる報道が目立つことも特筆される。たとえば日本語新聞『朝鮮新聞』は一九二六年七月二日付で、失踪した兄を探しにきた平野小剣の朝鮮訪問を報じている。このときすでに平野は全水とは袂《たもと》を分かって全関東水平社青年連盟として活動していたが、『朝鮮日報』は三日付で平野の写真入りで衡平社との連携について協議すると大きく報じている（『史料集・続』二〇二頁）。翌年一月九日『朝鮮新聞』は全水中央執行委員で四国水平社執行委員長高丸義男の渡航を報じているが（『史料集・続』二一三頁）、このときも朝鮮語新聞『朝鮮日報』『中外日報』『東亜日報』各紙は両運動の提携に重点を置いて報じている。

三〇年代に入ると、衡平運動関係報道の減少と軌を一にして水平運動関係の記事も激減する。一九三三年には記事が一〇件と少し多くなるが、高松差別裁判糾弾闘争の関連報道が四件、また「衡平青年前衛同盟事件」関連報道で水平社との関係に言及しているものが四件、岡山での共産党弾圧を伝えた記事が水平社の糾弾闘争の支援を通じて共産党再建をめざしていたと報じている記事が二紙である。一九三一年末の第一〇回大会から三三年三月の第一一回大会にかけて全水を揺るがせた水平社解消論を報じた記事は見当たらない。最も遅い時期に確認できる記事は、日中戦争下の「新体制」として「全国水平社融和団体を打つて一丸とする大和報国運動」を始めると報じた『朝鮮新聞』の一九四〇年一一月四日付記事である。一九四二年一月には全水が法的に消滅することになるので、朝鮮での報道もこの『朝鮮新聞』の記事が最後だったと考えられる。

参考文献

水野直樹「帝国日本のなかの部落問題——植民地支配とのかかわりを考える」（『部落解放』第八二二号、二〇二二年六月）

コラム●反衡平運動

廣岡浄進

衡平運動への反発と攻撃

衡平社《ヒョンピョンサ》が創立され、「白丁《ペクチョン》」に対する差別が告発されるようになると、一般民の暴力が反差別の動きに向けられる事件が数多く発生した。これらの事件は、そのほとんどが市場や街頭あるいは飲み屋のような生活空間で起きているが、深刻なヘイトクライムも少なくない。一九二九年四月に開かれた衡平社第七回大会では犠牲者追悼式が持たれており、後述する醴泉《イェチョン》事件の犠牲者や早世した活動家ら一二人の名前があげられている（『史料集』三二一頁）。

朝鮮総督府警務局が作成した『朝鮮の治安状況』昭和八年版（一九三三年）では、「普通民」との衝突紛争事件の数が一九二三年一七件、二四年一〇件、二五年一四件、二六年一四件、二七年四四件、二八年六〇件、二九年六八件、三〇年六七件、三一年五二件、三二年三一件とされている。合計で三七七件である。一九二七年から急増しているが、警察当局では、衡平社本部が地方巡回員を置いて「事件」を掘り起こしたからだと分析している（『史料集』一三一頁）。

衡平運動側での集計も、これに近い数字を出している。雑誌『三千里』第四巻第七号（一九三二年七月）に掲載された魚亀善《オクソン》「衡平運動の概観」は、衡平社創立以来「大小の争議事件は数千件」とし、

「大争議事件だけでも醴泉、金海《キメ》、晋州《チンジュ》、河東《ハドン》、咸悦《ハミョル》、玄風《ヒョンプン》、笠場《イプチャン》、水原《スウォン》、扶餘《プヨ》、禮山《イェサン》、大平里《テピョンリ》、保《ポ》寧《リョン》、開城《ケソン》（労資）、京城（労資）など、三六〇余回の大争議事件が起き、それによる数千人の犠牲者のうち死者だけでも一〇人余りになるという」と記す（『史料集・続』三五八頁）。ただし、ここには衡平社が関与した労働争議も含まれているようである。食肉販売業には「白丁」出身者が多く、また衡平運動の財政基盤もそこにあった関係から、衡平社では屠場労働者の労働問題や中小零細の食肉業者の経営をめぐる問題も積極的に取り上げている。

なお、『治安状況』昭和一一年五月版（一九三六年）では、一九三三年が紛争事件二六件、三四年と三五年が各二七件とされている（『史料集』一三六頁）。治安維持法による「衡平青年前衛同盟事件」検挙が三三年一月に始まり、弾圧のために衡平社が取り組んだ件数が減ったのだろう。

醴泉事件

最もよく知られている反衡平運動の事件は、一九二五年八月九日に慶尚北道の醴泉分社二周年記念祝賀式への襲撃である。犠牲者数ではもっと多い事件もあるが、衡平社の行事が標的とされ、なおかつ総本部から来賓《らいひん》として赴いた張志弼《チャンチピル》らが重傷を負った点が注目される。

醴泉郡は、安東《アンドン》の北西約三〇キロメートルの農村部にあり、ここの衡平社分社は安東支社に属した。朝鮮総督府が作成した一九二六年の統計では慶尚北道に在住の「白丁」が合計一五五五戸で、朝鮮全体の二割近くにのぼる。慶尚北道警察部『高等警察要史』（一九二九年）によると、醴泉の「白丁」戸数（一九二九年）は一四七戸とされ、慶尚北道では金泉《キムチョン》郡に次いで「白丁」が多いところであった。祝賀式には非「白丁」の新興青年会員で衡平社に入会した者も含めて一〇〇人ほどが参集していた。醴泉新興青年会は、先行する醴泉青年会の朝鮮総督府当局と協力関係を保ちながら近代知識の普及を進めようとする路線を批判して発足しており、社会運動をより強く志向する立場から衡平社醴泉分社を支援していた。この式典での醴泉青年会会長の金碩熙《キムソッキ》の祝辞が「白丁」と衡平社を侮辱するものだとされて金が会場から閉め出された。これを発端に、金碩熙の農場に住み込みで働く労働者らをはじめとする一〇〇人以上が会場となった朴元玉《パクウォノク》宅などを襲った。三日間にわたって断続的に襲撃が繰り返されるなかで群衆は数百人にふくれあがり、朴のほか衡平社総本部から来ていた張志弼や李東求《イドング》、社会主義思想団体の安東火星会の金南洙《キムナムス》らに重軽傷を負わせた。衡平社員の金元俊《キムウォンジュン》と朴元玉はこのときの負傷のためのちに亡くなっている。裁判では、襲撃において主導的な役割を果たしたと認定された五人に懲役六月、二人に五〇円、六人に三〇円の罰金刑が下された。金碩熙が黒幕だとする新聞報道もあったが、予審で免訴されている（『史料集』一九七頁、二一一頁）。

醴泉事件を報じる『東亜日報』（1925年8月16日）

現地の警察はこの集団暴行を止められず、命からがら脱出した金南洙の報告を受けた衡平社総本部は、屠場労働者らを組織した正衛団を派遣して張志弼らを救出しようとし、また各地の組織にも応援を要請しようとした。しかし京城の警察当局はこれを撤回させるとともに、この事件を衡平社で議論することを禁じた。警察は左翼団体の関与を警戒するとともに、問題が拡大して警察批判などにつながることを恐れたと見られる（『史料集』一九〇頁）。

衡平運動と警察

では、衡平社は、これらの差別事件にどのように対応したのだろうか。事件の件数や内容が報告されているのは、一九二八年の衡平社第六回大会、一九三〇年の衡平社第八回大会、一九三一年の衡平社第九回大会である。それぞれ、二四件、二〇件、二〇件が報告されているが、三一年の争議事件のうち二件は組織問題と不正に対する除名指令なので、小計は六二件となる。解決の不明な案件も多いが、なかには謝罪を受け入れて治療費と慰謝料や解決金で決着している例もめずらしくない。

朝鮮人警察官による差別事件も多数報告されている。開城では、飲食店に居あわせた警官が「白丁」が衣冠《いかん》を整えるのがけしからんと衡平社員を殴打して全治一週間以上の怪我を負わせた（『時代日報』一九二六年三月一〇日＝『史料集・続』一九〇頁）。警察官などの職権濫用は深刻で、忠清南道鳥致院《チョチウォン》では一九二八年三月一〇日、衡平社ができてから食肉業者が祭日に肉を付け届けしなくなったことに怒った警官が「白丁」に暴行したと衡平社第六回大会で報告されている（『史料集』二四三頁）。

一九三〇年の衡平社第八回大会では、臨検の警察官が、警察当局の対応を問題視する議案の報告討議を禁止した。これは、全羅北道での金溝《キムグ》（金堤《キムジェ》）で朝鮮人巡査が社員に殴る蹴るの暴行を働いたうえ、二〇日間の拘留処分にしたという事件であった（『史料集』三六一頁）。警察との関係は緊張をかかえており、警察官が関係した事件の多くは報告や討議さえ許されなかった。

民衆の暴力

反衡平運動では、暴行だけでなく、一般市民が結束して制裁を加える事例が見られ、学校教育からの排除、あるいは食肉などの不買運動という方法がとられることも少なくなかった。一九三〇年六月二六日、忠清南道青陽郡《チョンヤンぐん》定山面《チョンサンめん》で、衡平社員の青年が差別発言に拳で報復した事件があり、「市民」側はその制裁として同夜衡平社員宅を襲撃し、さらに翌日、衡平社側に五〇人の応援隊が集まると、市民側は近くの六つの里から約六百人を集めて対峙《たいじ》し、青陽警察署が凶器を押収して警戒にあたっていると報道された。警察の検束は衡平社員に偏り、さらに市民側が食肉非買同盟を組織したために青陽衡平社員の生活はきわめて困窮し、さらに普通学校から衡平社員の生徒が排除される事態も起きた(『中外日報』一九三〇年七月四日=『史料集・続』二四九頁)。

とくに牛肉販売の許可権限を持つ警察の態度は生活基盤に直結する。差別への抗議として衡平運動が牛肉非売同盟を組織したり、あるいは衡平社に反対する一般民の不買運動が組織されたりしている状況で警察が非「白丁」の一般民に新たな販売許可を与えることは衡平社員の生計の途を奪うものであり(『朝鮮日報』一九三一年一月二四日=『史料集・続』二五二頁)、警察権力による衡平運動に対する経済制裁という政治性を持った。

これら民衆の暴力をめぐっては、単なる封建反動ではなく、植民地情況における近代化にかかわる問題を内包していることが指摘されている。一九二三年八月の慶尚南道での金海衡平分社創立祝賀会への襲撃の背景には金海青年会が衡平分社設立を強く援助したことへの両班《ヤンバン》や農民らの不満があり、事態が進行するなかで標的が衡平社に移った。また、醴泉事件では、発端をつくった金碩熙は新興の実業家で、資本主義化にともなう社会変動の成功者であった。襲撃を先導したとして有罪判決を受けたなかには、社会主義者たちが組織した無産団体の労農会にかかわりを持っていた者もいた。食肉業を営む「白丁」の経済的な成功への反感や下層労働市場での競合関係が底流にあり［崔保慜］、農業労働者の伝統的な年中行事「洗鋤宴《ホミシ》」を媒介にして暴力が発動されるというように、規範としての近代化と地域社会の伝統的な共同体規範との複合情況が、警察の対応に助長されて激化したというのである［小川原宏幸］。こうした問題提起については今後の研究を通じた検証が待たれるが、植民地期の衡平運動を攻撃する動きが伝統的な古い意識に根ざすだけのものでなかったことは注意すべき点である。

参考文献

小川原宏幸「植民地朝鮮における地域社会の秩序意識と民衆暴力――一九二〇年代前半の反衡平運動を事例に」（伊藤俊介・小川原宏幸・愼蒼宇編『「下から」歴史像を再考する――全体性構築のための東アジア近現代史』有志舎、二〇二二年）

金日洙（水野直樹訳）「慶尚北道地域の衡平運動と社会運動団体の対応」（『部落解放研究』第二一二号〈部落解放・人権研究所〉、二〇二〇年三月）

崔保慜（髙正子訳）「一九二五年の醴泉事件と社会主義運動勢力の認識」（『部落解放研究』第二一〇号〈部落解放・人権研究所〉、二〇一九年年三月）

衡平運動の変容

吉田文茂

衡平社第９回全国大会
（『朝鮮日報』1931 年 4 月 25 日）

一九三一年四月の朝鮮衡《ヒョン》平《ピョン》社《サ》第九回大会に水原《スウォン》支部から衡平社解消案が提案されると、衡平社内部で解消派と非解消派との対立が一気に顕在化するも、大会では役員選出をめぐる混乱に乗じる形で、水原支部の解消案は否決されてしまう。また、選出された役員は大半を非解消派が占め、その後、解消案が大会の俎《そ》上《じょう》にのぼることはなかった。

この解消派と非解消派との対立から解消派が一掃されることにより、非解消派が衡平社の役員の大半を占め、最終的に衡平社から大同社へ移行していくのだが、その過程については、［池川英勝］に詳しく描かれている。ただ、全国水平社（以下、全水）の解消論とは異なり、大会で衡平社解消をめぐって論戦がおこなわれなかったため、解消派と非解消派との違いや解消派内の違いについては十分に考察されてはいない。

したがって、ここでは、そもそも衡平社解消論とはどういうものであったのか、また解消論の登場によって、衡平運動はその方向性がどう変化していったのかを検討することにする。

衡平社と社会運動団体との関係

全水が他の社会運動団体との提携を模索しはじめたのは水平社結成間もない時期からであったが、衡平社の場合も比較的早い時期から他の社会運動団体との提携が推し進められている。

衡平社側から見た場合、一九二六年二月二八日の順天《スンチョン》衡平社創立総会決議に「一、すべての解放運動は有機的連絡によってのみ実現される。故に我らはすべての圧迫と搾取からの解放を目的とする各社会運動団体と相互連絡をとり、完全な戦線を構成すること」や「一、講習会、講演会、講座、巡回文庫など教育機関を完成して、階級解放に関する知識を教養すること」(『朝鮮日報』一九二六年三月五日＝『史料集・続』一九〇頁)とあり、他の社会運動団体との階級的連帯が志向されていたことがうかがえる。また、同年三月一〇日の全北衡平青年総連合発会式でも「一般社会問題に関する件」として「各社会運動団体と密接な連絡をとって運動方向を一致させること」が決議されている(『時代日報』一九二六年三月一二日＝『史料集・続』一九一頁)。「運動方向を一致させること」という決議は、四月一〇日の衡平社慶南道連盟創立総会でも見られる(『毎日申報』一九二六年四月一四日＝『史料集・続』一九〇頁)。

衡平社本部でも、一九二六年四月二四日の衡平社第四回大会で、「一般の社会運動団体と密接な

衡平社総本部前の社員たち。白い服の男性が張志弼とみられる
（『朝鮮日報』1926年1月7日）

連絡を取って運動方向を一致させるが、派閥争いには絶対に加担しないこと」との決議がされている（『時代日報』一九二六年四月二六日＝『史料集・続』一九七頁）。さらに、同年九月二五日に開催された衡平社臨時大会で制定された綱領では、「一、我等は経済条件を必要とする人権解放を根本的使命とする」「二、吾等は一般社会的団体と共同提携して合理的社会建設を期する」（『毎日申報』一九二六年九月二八日＝『史料集・続』二〇六頁）と、他の社会運動団体との提携が盛り込まれている。

一方、社会運動団体側でも一九二五年八月一八日に開催された在京解放運動団体一〇団体（京城青年連合会、京城労働会、京城労働青年会、社会主義者同盟会、赤雹団《せきひょうだん》、自由労働者組合、労働教育会、京城女子青年会、社稷《サジク》洞青年会、ソウル青年会）の会合では醴泉《イェチョン》事件が討議に付されるとともに、「一、調査委員を該地に派遣して、事件の真相を調査すること」「二、調査報告演説会を開催すること」「三、無産大衆解放運動と衡平運動とは不可分の関係にあることを、一般民衆に理解させるよう宣伝すること」「四、この度の衝突の裏面の責任者を調査して、積極的に膺懲《ようちょう》すること」（『時代日報』一九二五年八月二〇日＝『史料集・続』一七一頁）の四項目が決議されており、衡平社との提携を重視していることがうかがえる。また、同年八月二八日には漢陽《ハニャン》青年連盟によって衡平問題大講演会が準備され、「特殊民の反逆　許貞淑」「衡平運動の意義　朴一秉」「衡平運動の由来　金章鉉」「衡平運動と社会運動の関係　金燦」と講演題目も決まっていた。ただし、講演会は禁止となる（『毎日申報』一九二五年八月二五、二六日＝『史料集・続』一七四頁）。

なお、衡平社と民族統一戦線組織である新幹会とが密接な関係を保持していたことは、衡平社の年次大会での新幹会会員の祝辞などからもうかがい知ることができる。さらに、「衡平青年前衛同盟事件」にかかる「光州警察署訊問調書」（『史料集・続』五三三頁以下）からは、被疑者三八人のうち六人が新幹会に加入していたことを確認でき、かなりの衡平社員が新幹会に加入していたであろうことが容易に想像される。六人の人物は次の通り（うち李鍾律《イチョンユル》は非白丁・非衡平社員だが、衡平社の活動家に思想的な影響を与えていた）。

李同安《イトンアン》（李東煥《イトンファン》）　一九二九年二月　新幹会京城支会執行委員
徐光勲《ソクワンフン》　一九二九年四月～一九三一年三月　新幹会京東《キョンドン》支会執行委員
　一九三一年三月　新幹会江陵《カンヌン》支会調査部員
吉漢東《キルハンドン》（吉秋光《キルチュグワン》）　一九二八年七月　新幹会京城支会会員
沈相昱《シムサンウク》　一九二八年三月～一九三〇年三月　新幹会洪城《ホンソン》支会員
李鍾律　一九二八年四月～一一月　東京新幹会青年部長
姜用生《カンヨンセン》　一九二九年八月　新幹会河陽《ハヤン》支会会員

衡平社解消論

①衡平社解消論をめぐる経過

一九二八年一二月のコミンテルン（共産主義インターナショナル）の「朝鮮の農民および労働者の任務に関するテーゼ（一二月テーゼ）」や一九三〇年九月のプロフィンテルン（赤色労働組合インターナショナル）の「朝鮮の革命的労働組合運動の任務に関する決議（九月テーゼ）」の影響を受けて、衡平社解消論が登場したことはよく知られている。また、新幹会や槿友会《きんゆう》（民族統一戦線的女性団体）の解消の影響もよく指摘されるところではあるが、衡平社解消論が登場する直接的契機となると、意外に明らかとはいえない。したがって、ここでは衡平社解消論が登場する過程を年代順に追ってみることにする。

一九三〇年
一二月　新幹会釜山支会解消決議
一二月二六日　衡平社江原道連合会第三回常務執行委員会で新幹会解消問題を議論（『朝鮮日報』一九三一年一月三日）

一九三一年
二月　二日　金行吉《キムヘンギル》の衡平社解消を求める本部宛書簡（『史料集・続』五二四頁）
三月二〇日　水原支部臨時大会で水原支部解消案は否決

三月三〇日　水原支部による衡平社解消建議案提議（解消案の日付は三月二〇日）
四月　二日　水原支部の衡平社解消の具体案が『朝鮮日報』に掲載される
四月一〇日　衡平社原州《ウォンジュ》支部臨時総会で解消問題は時期尚早との結論（『朝鮮日報』一九三一年四月一六日＝『史料集・続』二五三頁）
四月二〇日　襄陽《ヤンヤン》支部による衡平社解消建議案（『史料集』四八七頁）
吉秋光「衡平社解消運動意見書」（『中外日報』一九三一年四月二〇日）
四月二五日　衡平社第九回大会で「解消問題に関する件」は「満場一致否決」（『史料集』四六九頁）
五月二四日　衡平社慶南道連盟第二回大会で解消問題を議論（『朝鮮日報』一九三一年六月一日＝『史料集・続』二五五頁）

衡平社の解消問題が論議の対象となるのは、一九三一年二月以降とけっして早い時期ではなく、四月の衡平社第九回大会前後の時期に急速に解消論が声高に叫ばれるようになるのである。

②衡平社解消論の登場

一九三〇年四月の衡平社第八回大会では「新派」「旧派」に分かれて議論が紛糾したが、これは役員選挙をめぐっての対立であり、衡平社解消問題について議論が高まるのは、一九三一年四月初めの水原支部による衡平社解消案の公表以後である。それ以前に、衡平社の運動の方向性（人権運動から社会運動との連帯へ）についての議論はあったものの、それらは衡平社の解消をめぐる議論ではな

衡平社解消의
具體案을發表
衡平社水原支部에서

【水原】 형평사원지부에서형평사를해소(解消)하고도부로동조합을두기로 전체 대회를압두고제창하얏다함은괴보한바와갓거니와 동지부에서는 근일그구체안을들어서 형평사전체 대회에건의하기를 일반적으로 공개하엿는데 그것은 다음과갓다고한다

◇建議案

一、衡平社解消에關한件

一九三一年四月二十五日第九回全朝鮮大會와八週年紀念式을압두고 全朝鮮에散在한四十萬衡平社員大衆에게 小뿌르조아的集團體인衡平社를斷然解消하기를提議하며玆에建議한다

衡平運動이 人權平等의主張으로(以下五十四行略)그러면衡平社解消及今般問題를 具體的으로細論하자!

◇方法

一、衡平社全體大會決議로『屠夫勞働組合 組織全體委員會』를組織할것

一、地方支部에서도委員會를組織할것

一、全體委員會는地方委員會와連絡하여 衡平社를解消하고屠夫勞働組合을組織하는意義를一般社員大衆에게 注入식힐것

一、現在地方支部는 全朝鮮屠夫勞働組合의支部로轉換할것

一、一般産業勞働組合과 積極提携할것

一九三一年三月二十日
衡平社水原支部

水原支部の解消案を報じる『朝鮮日報』（1931 年 4 月 2 日）

かった。唯一、水原支部の提案以前のものとして、金行吉（所属支部不明）が朝鮮衡平社幹事長宛に送った書簡（一九三一年二月二日）がある。

金行吉の主張は、「朝鮮衡平社と言ふものは吾等が吾等を卑賤《ひせん》にさせるものであり、且つ自ら階級的差別を作るものである」から同一民族間において生じる階級的紛争を全廃するための障壁となっている衡平社は即時解体すべきだというものであった。これに対して、書記長の沈相昱は差別の現状を説いて、差別に対する対抗上衡平社が必要であるとして、「人権を蹂躙《じゅうりん》されるのに対し何《ど》うして反抗の動力がなかろうか。又被圧迫大衆として其の集団がなかろうか？　茲《ここ》に於《おい》て衡平運動が起ったのだ。そして過去九年間に我が運動は最も強固に継続されたのであるが、今からも何《ど》れ程か継続されなければならぬことも、朝鮮社会の進展過程に於て必要なのである」と衡平社の存在意義を説明している（『史料集・続』五二四～五二五頁）。

それから二カ月後、衡平社第九回大会に解消問題について一石を投じることになる水原支部の衡平社解消建議案（「衡平社解消ニ関スル件」＝『史料集』四八五～四八六頁）が登場する。この水原支部の解消案は、水原支部長の金正元《キムチョンウォン》が原案を作成し、中央日報水原支局長で非社員の朴勝極《パクスングク》が修正したものであり、衡平社は有産社員の利益向上に結びついた運動を展開していて無産社員の利益向上には何らつながらず、また、他の無産階級とも対立が生じているため、衡平社を解消して「屠夫労働組合」の組織化を図るべきであるとの主張であった。

水原支部の解消案は、衡平社は有産社員にのみ有効に機能し、無産社員に対しては十分に機能していない現実を「人権解放の闘争丈《だけ》では、一般無産社員に対しては何等の効果を与へることが出来ない」と指摘し、結論として「衡平社は小ブルヂヨア的雑類の集団にして、無産社員大衆の為、積極的の闘争を為《な》す能《あた》はず、同一の無産階級を敵対する様なるものである故、断然と解消しなければならない」と衡平社の解消を強く主張した。そして、衡平社解消後は、朝鮮衡平社の総本部と支部をそれぞれ「屠夫労働組合」とその支部に改称・変更するべきだと主張した。

一方、同じ解消案でも一九三一年四月二〇日の襄陽支部の衡平社解消建議案（『史料集』四八七頁）は衡平社の解消を主張するが、解消後の方向性について「衡平運動を全体解消せしむるが為め、其の方法として各支部に指令し、以て解消準備たる職業別に組織を変更する様にすること」と具体的な方策は今後の課題としており、水原支部の解消案とは解消後の方向が微妙に異なっていた。

なお、当時の屠夫労働者の実態についてどうだったのかを少し見ておきたい。一九二六年段階における職業構成を見ると、「白丁《ペクチョン》」総戸数八二一一戸（三万六八〇九人）のうち、農業は二〇七〇戸（一万〇一二五八人）、獣肉販売は二二八六戸（八万八六八人）、屠夫は一二三四戸（三七一七人）、柳器製造は八六八戸（三五四九人）、飲食店・旅人宿は四七四戸（二〇七四人）であった（「白丁分布及職業調」（大正一五年調）朝鮮総督府警務局『昭和二年一二月 治安状況』＝『史料集』一二一～一二三頁）。したがって、屠夫の占める割合は、戸数で一五・〇％、人数で一〇・一％にとどまっていた。

また、屠夫労働組合関連の新聞記事を拾うと、

・一九二五年六月二〇日　ソウルの屠夫組合が臨時総会で事務所の移転と会費徴収を決議（『毎日申報』一九二五年六月二二日＝『史料集・続』一六五頁）

・一九二五年一一月一七日　ソウルで屠夫組合員と獣肉販売業者の組織する集成組合員との間で一大紛争（『毎日申報』一九二五年一一月二七日＝『史料集・続』一七九頁）

・一九二六年一一月二七日　屠殺手数料問題で洪原《ホンウォン》衡平社員が同盟罷業《ひぎょう》（『朝鮮日報』一九二六年一二月一五日＝『史料集・続』二〇九頁）

・一九二八年一二月一〇日　開城《ケソン》衡平社員が賃金引上げ（獣肉販売業組合に牛一頭五〇銭、豚一頭三〇銭の賃金引き上げ）を要求して同盟罷業（『朝鮮日報』一九二八年一二月一三日＝『史料集・続』二三二頁）

・一九三〇年一二月一一日　水原面屠獣場で、指定屠夫問題での面の措置が不当だとして八名の屠夫が同盟罷業（『毎日申報』一九三〇年一二月一六日＝『史料集・続』二五一頁）

とあり、総じて、屠夫組合の組織化は地域が限定されたものにとどまっていたと考えられる。屠夫の占める割合がけっして高くなかったこともあわせて考えると、水原支部の解消案は一部地域の実態に即した提案であって、衡平社員の置かれていた全般的状況に見合ったものとは言い難かったといえる。

また、水原支部の解消案は金正元の単独行動によるものであって、衡平社内部での解消派の総意としての提案ではなかったため、同じ解消派でありながら吉漢東が水原支部の解消案を批判する文章を新聞に投稿する事態になったのである。つまり、衡平社第九回大会を目前にして、衡平社内部

で解消派が一致団結した行動をとるまでには至っていなかったのである。

③吉漢東の衡平社解消論

衡平社解消論として最も詳細なものは、『中外日報』(一九三一年四月二〇日〜二二日)に掲載された吉秋光(吉漢東)「衡平社解消運動意見書」(『史料集・続』五〇三〜五〇九頁)である。

この意見書は吉漢東が原稿を作成し、李鍾律の修正を経て、『中外日報』に投稿したものであり、水原支部の解消案を否定しつつ、解消の意義と解消に至る道筋を具体的に提起した内容となっている。水原支部の解消案との大きな違いは解消後の姿にあり、水原支部の提案が「屠夫労働組合」一本化であるのに対し、吉漢東の提案は都市部では「屠獣労働組合」の組織化を図るとしながら、農村部では農民組合への加入を求め、その他の地域では産業別組合への加入を求めるなど、地域の状況に応じた対応の仕方を提案している点に違いがある。

「衡平社解消案は衡平運動の現段階にありて至極重要性を持つ問題である」と衡平社の解消が必要であるという点では水原支部の解消案と大きな違いはないものの、京城や釜山などの都市および都市周辺と農村部との違いを意識し、「今日の衡平社支部は其の大多数が農村又は農村の小都市に散在して居るものである。にも拘らず、屠夫労働者の居らざる農村に又は一、二名居る農村の小都市にも、京城、釜山の如く産業別労働者組織を一律的に置くことは、病的の規定にあらずして何ぞ」と水原支部の解消案に対して厳しい批判を浴びせているのが特徴的である。

また、「白丁」であるがゆえの差別と貧困からくる迫害とを比べ、「我等が白丁であるが故に受くる迫害より、貧寒なる故に受くる迫害が幾倍も多く、又此の貧寒から受くる迫害は他の総有《あらゆ》る迫害の基礎なのである」「差別的迫害は経済的貧困から受くる迫害に比しては、量からも質からも極めて少いものである」と貧困からくる迫害のほうがきわめて大きいと説明する。したがって、「人権的の迫害は、今日に於て経済的貧困から受くる迫害に比し、其の量からも質からも極めて少いものであるからして、其の儘《まま》忍んで全体的利益を計らむ」と、これまで衡平社が取り組んできた人権運動を過小評価し、階級運動への進出を強調する内容となっている。

今後の方策としては、都市労働者は「産業別的の自己組織を持ち得ること」として「産業的単一屠獣労働組合を組織」することを求めた。農民は「其の地域の農民組織に参加せしめ、既存農民組織のなき所には之が組織」をおこなうべきだとした。さらに、農村小都市にいる「少数一、二人の屠獣労働者」は「其の地方的単独産業別労働組織を持つことが出来ないのであるから、此の場合には近隣の地域的産業別的の労働組合に加入せしむる」ように努力すべきとした。そして、衡平社支部の解消は労働組合、農民組合への組織化の完了後におこない、各支部の解体の完了と同時に総本部も解体すべきとした。

吉漢東の主張は、都市、農村などの地域性を考慮しての提案となっているが、実際に労働組合への移行や農民組合への加入などが現実に可能かどうか、具体的な説明はなされていない。また、頻発する差別事件を目の前にして事件の解決を事実上放棄するような提案では、衡平社の多くの社員の理解を得ることが困難であることは容易に推測される。さらに、水原支部の提案の誤りを指摘することによって、かえって衡平社大会で解消案が可決される道を閉ざしてしまうおそれが生じることについての特別の配慮も見当たらない。

なお、解消論としては他に、朴平山《パクピョンサン》（朴好君《パクホグン》）「衡平運動の今後」（『批判』第一巻第二号、一九三一年六月＝『史料集・続』三四一〜三四三頁）がある。これは一九三一年四月八日に書かれた文章が雑誌『批判』に掲載されたものであるが、実際にこの文章が公表されたのは衡平社第九回大会終了後であり、衡平社大会での論議への影響はまったくなかった。この朴好君の解消論については［池川英勝］が詳しく論述しているように、階級性を無視した「全白丁層」によって構成されている衡平社は、「白丁」労働者の階級的進出への妨害物に過ぎず、そのため、衡平運動は「階級的で大衆的に止揚させる」べきだとの主張であった。衡平社を階級的進出への妨害物とするこの主張は解消派の人びとに共通していた。

④衡平社内での解消派の勢力

水原支部の解消案が本部に届いてからの総本部内の動きとしては、吉漢東が『中外日報』に解消賛成意見を投稿したことは前述の通りであるが、この吉漢東の意見は常務執行委員会での論議を経たものではなく、単独での行動であった。その後、大会直前に本部に集合した常務執行委員たちが解消案について議論を重ねたことは、片《ピョン》己男《キナム》の光州《クァンジュ》地方法院での証言（一九三六年三月五日の第六回公判）や李《イ》漢容《ハニョン》の「被告人訊問《じんもん》調書」によって明らかである。当時の常務執行委員は趙貴用《チョクィヨン》（中央執行委員長）、沈相昱（書記長）、李漢容（書記）、吉漢東（財政部長）、金鍾澤（教養出版部長）、李東煥（社会正衛部長）、呉成煥《オソンファン》（生活保障部長）、朴平山（青年婦人部長）の八人（『史料集』三八一頁、四二一頁）であり、そのうち解消賛成派は沈相昱、李漢容、吉漢東、朴平山（朴好君）の四人であった。

吉漢東と朴好君の二人の意見については前に見た通りなので、ここでは沈相昱と李漢容の二人の

兩次幹部를改選

解消案은遂否決

위원장반대파는퇴장하여

衡平大會昨日閉幕

속보=이십오일오전열반시부터속회(續會)한형평사대회(衡平社大會)는전일의전형위원을불신임하고 다시 전형위원을선거하야 새로히 역원을선거케한결과 문제의 타락간무로지목밧고잇는장지필(張志弼)씨가다시중앙집행위원으로 선거 되엿슬뿐아니라 위원장(委員長)을투표선거한결과 장지필씨가 피선되고 오후한시삼십분부터 사십분간일단휴회(休會)하엿다 그동안에 장씨반대파인 투표의 부정이 잇슨것을 발견하고 두시십분에 속회한 벽두에그것을적발하고 재차위원장 투표를한결과 이번에는 전보다 열표가 더부러서 절대다수로 장씨가 위원장으로 피선되엿다 그러자반대파이십여명은분연히회장을퇴거하고 의장 (議長)오성환(吳成煥)씨이하 림시집행부까지 이에분개하고 사임하엿다 이리하야 대풍일과후에김용택(金容澤)씨를 의장으로추천하고 일사천리의세로 의사를속행하야 이윽고 세인의시청의목표가 된해소문제(解消問題)의건이상정되엿스나절대다수의 의견이형평사의 해소는인정하나 시긔상조라는데 일치되여수원지부(水原支部)에서제출한해소건의안(解消建議案)은참고로써 랑독함에 끄치고기타제의안은모다 신임집행위원 회에일임하고 동여섯시경에 대회는막을다첫다

解消案否決を報じる『朝鮮日報』（1931年4月25日）

賛成理由（ともに「被告人訊問調書」による）を見ておきたい。沈相昱は、当初は「私は地方巡回した結果、又差別が撤廃されて居らぬから、衡平社の存在を必要とする」という理由で解消案には反対であったが、朴好君と吉漢東から「衡平社員でも有産者は差別待遇は受けて居りませぬ。差別待遇を受けるものは無産社員丈《だ》けで、其無産社員を差別し侮辱するのは一般民の中、智識の低い無産者でありますから、両者の無産者同志（ママ）が同志として提携すれば、差別も侮辱もなくなる」という話を聞いて、解消賛成に回ったのであった。李漢容も同様に当初は「地方の実情を見て、白丁の子弟は学校にも入学出来ぬ様な状態で差別を受けて居るから、衡平社と云ふ団体の力を以て、其差別をなくするのに未だ衡平社の存続を必要なり」と考えていたが、常務執行委員同士の討論のなかで「衡平社の存在は却《かえ》って一般人との間に差別を構へ、紛争を激成する実情にありますので、之を解消して職業別に農民組合とか、労働組合とか、又は地方の青年会等で仝《おな》じ職業又は仝じ思想を基本として、衡平社員、非社員の区別なく糾合すれば、却って其等の差別がなく、理解の一致で融和団結すると思った」

ため、賛成派に回ったのであった。

このように、常務執行委員のなかでも明確に解消派と目される人物は半数の四人に過ぎず、それも常務執行委員同士の討論を通じて賛成派に回った人物も含まれることからすると、事前に解消派が自らの主張を衡平社内に浸透させていく努力を積み重ねてきたとは考えにくい。同様に、水原支部の解消案も解消派のメンバーとの事前協議を経ての提案ではなかったため、水原支部の解消案を衡平社内部に浸透させていくことは困難であったと考えられる。また、李東煥のように労働組合、農民組合の組織化に反対ではないが、「衡平社が解消した暁には目的の実現は全く不可能で、衡平運動の前途は全く暗となる」（一九三五年一一月二七日の光州地方法院「第一回公判調書」）という理由で反対する人びとをも巻き込んで解消案賛成派が多数を占めるように事前に準備した形跡もまったく見られないまま、大会当日を迎えたのである。

一九三一年四月の衡平社第九回大会前後の解消案をめぐる論議

①大会当日のようす

一九三一年四月二四日・二五日に開催された衡平社第九回大会では、「解消問題に関する件」が討議事項にあげられていた。しかし、討議に入る以前に実施された役員選考において、前年の第八回大会同様混乱が生じ、混乱のなか、解消派と目される活動家は退場してしまった。そのため、解消問題については建議案の読み上げこそおこなわれたものの、議論らしい議論のないまま、大会で否決されてしまうことになった。

大会に参加した代議員が水原支部の解消案について事前に知り得たのは、『朝鮮日報』一九三一年四月二日の記事からと考えられるが、同記事はなぜ衡平社解消なのかという点は省略され、衡平社を解消して屠夫労働組合を組織することしか記されていない。したがって、同記事を通して水原支部の解消案を知るに至った衡平社員の多くが解消案に賛同する可能性はきわめて低かったと考えられる。また、『中外日報』に掲載された吉秋光（吉漢東）の投稿文に関しては、［池川英勝］の指摘通り、ソウル市内を除くとほとんど読まれていなかったとするならば、衡平社解消論は大会参加の代議員にはほとんど浸透していなかったといえよう。その点については、四月二五日夜に開催された衡平社第八回紀念式で「社員所感」を発表した李東煥の感想からも読み取ることができる（『史料集』四九〇頁）。

諸君も御存じの通り解消問題討議に対して遺憾がある。解消問題が如何なるものなりやを知らない人たちが只提案を朗読せるのみにて、即時是《これ》を否決してしまったことは、私として非常に涙ぐましいことである。そもそも解消問題は衡平社存否の問題でなく暗中に衡平運動をより以上確保せんとしたものである。一端（旦）過ぎ去ったことであるから何とも致方《いたしかた》ないが、代表委員諸君は此際よく自覚して我衡平運動を発せしめられんことを希望す

なお、衡平社第九回大会のようすについては、権承徳《クォンスンドク》「衡平社の解消運動はどうなったか」（『別乾坤』第六巻第五号、一九三一年五月）、李東煥「衡平社第九回全国大会評」（『批判』第一巻第二号、一九三一年六月）、朴必守《パクピルス》「衡平社全国大会傍聴記」（『イロッタ』創刊七月号、一九三一年六月）がそれ

ぞれ詳細に伝えている（すべて『史料集・続』所収）。権承徳は解消案を提出した人びとに対して、「主観的に一部分の力量だけを過大評価し、一時的に外部からの理論を注入するだけで大衆行動を決めようとする機械的行動の過ちを犯してはいないか」と疑問を投げかけ、今後の衡平運動の進展は「専《もっぱ》らその組織の中にいる労働者の結集によって、かれらの意識的、組織的行動により全無産階級運動と合流することでのみ解決されるだろう」（『史料集・続』三三七頁）と労働組合、農民組合などの組織化に期待を込めた。この点は、李東煥も同様で、「今後の進展においては、一般運動の一環となることをさらに望む。意識のない社員大衆に早くこの問題について理解させる時間もなかった。そうであったにもかかわらず、可決だけを願っていたのが根本的に失敗だった。さらに×××に対して××がなければならず、社員中の労働者は労働組合に！　農民は農民組合に！　屠獣業者は屠獣労働組合に、産業別に編成することを、××化、××化するよう××的××たることを熱望してやまない」（『史料集・続』三四一頁）と述べている。

②衡平社第九回大会以後の動向

衡平社第九回大会翌日の四月二六日に開催された第一回中央執行委員会では解消問題については討議の必要なしとして議論されなかったため、一九三一年一〇月八日の京城鍾路警察署長の「衡平社本部ノ動静ノ件」（『史料集』四九七頁）は「解消問題は提唱者たる新派側が運動線上より姿を没して以来、一時立消への感ありたる」とその動向を伝えている。このことは、一〇月三〇日に開催された臨時大会でも同様で、張志弼《チャンチピル》は翌三一日に開催された中央執行委員会において今後の運動方針を説明するなか、「幸にして臨時大会に於ては、解消論を唱ふるものなく、今後の衡平運動を有利に展開せしむるの気運に向へり」（『史料集』五〇九頁）と解消問題については事実上の終了宣言をおこなったくらいであった。

その間、五月二四日に開催された衡平社慶南道連盟第二回大会では解消問題が討議案件となっていたが、十分な議論がされないまま臨席警官によって中断させられており（『朝鮮日報』一九三一年六月一日＝『史料集・続』二五五頁）、解消問題は立ち消えとなっていった。

一方、解消派の動きとしては、わずかに一九三一年末から一九三二年初めにかけて、数人が集まり、解消問題について議論したことがあった。たとえば、一九三一年一一月中旬に、朴好君、金顕《キムヒョン》悳《ドク》、李先同《イソンドン》、片己男、李漢容が会合した際、李漢容から温陽《オニャン》支部を解消して、解消声明書を全朝鮮の各支部宛に発送し、解消運動を進めていこうと考えているがどうかとの提案がなされた（李漢容「被告人訊問調書」）。しかし、朴好君が本部の大会で解消案が否決されたのに今さら一支部の解消でもあるまい、むしろ、各自が労働組合や農民組合の実践運動に取り組んだほうがよいと反対意見を述べると、それ以上の議論はなく、衡平社解消に向けての具体的な動きがつくられることはなかった。

衡平社から大同社へ

解消問題が立ち消えていくなか、衡平社内部では運動方針の転換と組織再編の動きが急速に拡大していく。組織転換を目的に開催された衡平社臨時大会の翌日（一九三一年一〇月三一日）、中央執行委員会が開催され、停滞する衡平運動の現状をふまえ、「従来の運動方針を捨て刷新せる運動方針を樹立」することが決定された。これは、地方支部の衰微状況と幹部の熱と誠意の乏しい状況からの脱却をめざそうというものであり、その場で道連合会の解散が決定され（『史料集』五〇九～五一〇頁）、翌年以降の支部の整理へとつながっていった。

一九三三年二月一五日の臨時大会で「衡平運動陣営を整頓するため支部を整理する」として、水原支部ほか一一〇支部の除籍を決定した（『朝鮮日報』一九三三年二月二二日＝『史料集・続』二六六頁）。除籍決定理由は不明であるが、残った支部は八四支部にとどまっているので、思い切った整理の仕方であった。なお、除籍された支部のうち禮山《イェサン》、金泉《キムチョン》、唐津《タンジン》、寧越《ヨンウォル》、挿橋《サプキョ》、高霊《コリョン》の六支部は一九三三年四月の衡平社第一一回大会で復籍が認められている（『朝鮮中央日報』一九三三年四月二八日＝『史料集・続』二六八頁）。

組織再編が進むなか、一九三三年一月から七月にかけて「衡平青年前衛同盟事件」と呼ばれる一〇〇名を超える衡平社員の大量検挙事件が発生する。これは、共産主義社会の実現をめざして衡平社の活動家が「衡平青年前衛同盟」を組織したとするものであったが、実際は権力側がねつ造した架空の事件であった。

この事件で検束された活動家のうち、起訴された一四名（申点石《シンチョムソク》、李同安、徐光勲、朴好君、吉漢東、沈相昱、李漢容、李鍾律、崔錫《チェソク》、羅東鳳《ナトンボン》、金水同《キムスドン》、金正元、朴敬植《パクキョンシク》、李明錄《イミョンノク》）には解消派に属する活動家だけではなく、中立派に属すると目された活動家も多く含まれていた。最終的に、一九三六年一一月二一日の大邱《テグ》覆審法院の判決で全員無罪となるが、その間、若い活動家が拘束されて衡平運動からの離脱を余儀なくされたことは、衡平運動のその後にとって大きな打撃となった。

このように解消派や中立派の主だった活動家不在のなかで開催された衡平社第一一回大会では、

「同人共済社に関する件」が決議される。大会のようすを伝えた『朝鮮日報』一九三三年四月二七日は、「闘争から衡平運動新方向」との見出しで、「今回衡平社全体大会決議事項の中、注目すべきものは、同人経《(ママ)》済社設置に関するもので、創立以来十年の長い闘争の歴史を持つ衡平社が、闘争方面だけではなく新たに社員の日常経済生活の安定を標榜《ひょうぼう》し、そのような方向へも進出を図ろうとするものだ」と、衡平社の運動が日常の経済生活を重視する方向へ大きく転換したと報じている（『史料集・続』二六七頁）。ちなみに、同人共済社の目的は「我々は在来の不規則、無秩序な行動を防止して奸商暴利者を駆逐する」「我々の間に低利資金融通機関をおき、個人の退廃没落を防止して相互の生活を保障する」であり、『朝鮮日報』の報道を裏づけるものであった（『史料集・続』二六七頁）。

その後、一九三四年四月二四日に開催された衡平社第一二回大会では綱領改正がおこなわれる（『朝鮮日報』一九三四年四月二五日＝『史料集・続』二七四頁）。

一、我らは経済的条件を必要とする人権解放を根本的使命とする
一、我らは我ら自身で団結して終局的解放を期す
一、我らは衡平大衆の当面する利益の確保を期す

従来の綱領に掲げられていた「一般社会団体と共同提携して合理的社会の建設を期する」が削除されたのである。

続いて、一九三四年一〇月に開催された拡大委員会及共済社総会では共済社の解散が決議され、衡平社の解散も射程に収められる（『史料集』一三三頁）。そして、翌一九三五年四月二四日の衡平社第一三回大会で、衡平社から大同社への名称変更が決定され、一二年間にわたる衡平社の旗が下ろされることになる。さらに一九三六年二月二二日には産業協力や階級の調和などを謳《うた》った綱領へと

改正され（『毎日申報』一九三六年二月二六日＝『史料集・続』二八二頁）、衡平運動は一大変容をとげたのであった。

参考文献

池川英勝「朝鮮衡平運動の史的展開――後期運動を通じて」（『朝鮮学報』第八八輯〈朝鮮学会〉、一九七八年七月）
姜萬吉編（太田修・庵逧由香訳）『朝鮮民族解放運動の歴史――平和的統一への模索』法政大学出版局、二〇〇五年
徐知伶「植民地期朝鮮における衡平運動の研究――日本の水平運動の観点から」（二〇一〇年度桃山学院大学博士論文）
金仲燮（髙正子訳）「衡平運動の歴史の新しい理解のために」（金仲燮・水野直樹監修、部落解放・人権研究所衡平社史料研究会編『朝鮮衡平運動史料集』解放出版社、二〇一六年）
竹森健二郎「植民地朝鮮における衡平社と大同社の活動――『朝鮮衡平運動史料集』を中心にして」（『佐賀部落解放研究所紀要』第三四号、二〇一七年三月）
八箇亮仁「日朝被差別民の提携模索とその意義と限界――「階級闘争論」の陥穽」（『部落解放研究』第二一四号〈部落解放・人権研究所〉、二〇二〇年三月）

コラム●「白丁」を描いた文学作品

徐知延・徐知伶

衡平《ヒョンピョン》運動が始まった一九二〇年代には、「白丁《ペクチョン》」を主人公とする文学作品がいくつか発表され、「白丁」に対する差別の様相、そのなかで苦悩しながら差別と闘う意思を固める「白丁」の姿が描かれた。一九二〇年代は朝鮮において近代文学が盛んになり、多くの作家が登場した時期でもあり、そのなかで「白丁」差別とそれを克服しようとする動きが文学作品の主題となったのは当然のことである。ここで取り上げる作品は、①洪思容《ホンサヨン》「烽火《のろし》が上がる時」（『開闢』第六一号、一九二五年七月）、②羅稲香《ナドヒャン》「未定稿－長編（遺稿）」（『文章』第二巻第一〇号、一九四〇年一二月）、③趙明熙《チョミョンヒ》「洛東江《ナクトンガン》」（『朝鮮之光』第六九号、一九二七年七月）の三つの小説と、④金永八《キムヨンパル》の戯曲「コプチャンカル」（『朝鮮之光』第八二号、一九二九年一月）である。

洪思容「烽火が上がる時」

洪思容（一九〇〇～一九四七年）は京畿道水原《スウォン》出身で、雅号《がごう》は露雀である。詩人・小説家でありながら戯曲作品も発表し、一九二一年には文芸誌『白潮』を創刊した。その作品は自伝的要素を交えながら、人生の悲哀を描いたものが多い。戯曲作品を自ら出演して上演するなど活発に演劇活動もしたが、一九二九年頃からは放浪生活をしたり、漢方薬店を経営したりするようになり、一九四七年に肺結核で生涯を終えた。

あらすじ――主人公の女性キヨンの父は腕前のよい「白丁」で、稼ぎもよかった。しかし「白丁」のゆえに村の人びとから厳しい差別を受け、妻も両班《ヤンバン》に奪われた。彼は住んでいる村を出て、屠畜をやめて精肉店を経営するとともに、キヨンをソウルの中学校に通わせた。キヨンとその父は「白丁」であることを隠して生きていこうとした。しかし、キヨンが結婚して一年半が経ったときに事件が起きる。キヨンの夫は、結婚して一年半も過ぎたのに義理の父のことを知らないのはおかしいと思い、お父さんに会いたいといった。キヨンは「白丁」の娘であることがわかるのを恐れて、父の役を演じる人を雇って演技をさせたが、夫がキヨンの故郷である釜山に行ったことから知られてしまった。

夫はキヨンが「白丁」の娘であることを知って「汚い」と邪険に突き放した。そのショックでキヨンは身を売って自堕落な生活を送るようになった。そのような生活のなかで次第に病気を患い、快復不可能な身体になってしまった。しかし、キヨンは自分も力のある人間であることに気づき、封建的圧制から逃れるために上海に行き、民族解放の運動に参加するようになった。キヨンは「烈士団」という組織に加入するが、持病の肺結核がひどくなり、故郷に戻ってきた。キヨンは田医師《チョン》の治療を受けたことから、二人は正式な夫婦の関係ではなくパートナーとして暮らすようになる。キヨンにはチジョンという仲のいい妓生《キーセン》がいたが、肺結核が悪化してチジョンに手帳と遺言を残して息を引き取る。

羅稲香「未定稿―長編（遺稿）」

羅稲香（一九〇二～一九二六年）はソウル出身で、本名は羅慶孫《ナギョンソン》、筆名は彬《ビン》で、稲香は雅号である。

「未定稿－長編（遺稿）」は死後発見され、一九四〇年に雑誌に掲載された未完成の原稿である。タイトルも付けられていない。死去の時期から推測すると、一九二〇年代半ばに執筆されたものと考えられる。羅稲香は一九一九年慶尚北道安東《アンドン》で一年間普通学校の教師を勤めた後、一九二一年から文筆家として活動し、洪思容などとともに文芸誌『白潮』を創刊して作品を発表した。初期の作品は感傷的で幻想的な傾向が強かったが、一九二三年以降の作品では小さなことがらをも冷静に観察し客観的に描いている。一九二六年に勉学のため日本に渡ったが、肺患で帰国した後、死亡した。

あらすじ——イ・チャンソンは安東の出身で、三年前にソウルにきて医学を勉強している。恋人ユ・ジュヨン（二〇歳）は看護師の資格を取るためにソウルにきているが、チャンソンの子を妊娠している。秋のある日、チャンソンはジュヨンに、自分の家柄は「白丁」身分であって、昔から差別と蔑視を受けてきたと打ち明ける。彼はあらゆる虐待と蔑視のなかでも「白丁」同士が団結するしかなかったことや、教育を受けられない状況で差別を当たり前のように考えるのは愚《おろ》かだと思っていることなどを話す。彼は親から受け取った手紙を彼女に見せた。手紙の内容は一人息子なので親のところに帰ってきて家を継ぎ、結婚して官職にも就いてほしいというものだった。医者も刀を使う職業なので差別を受けるから医学の勉強をやめて故郷に戻って来いとも書いてあった。心乱れた彼は友人の申泰浩と酒を飲みに行く。そこで酔っぱらった青年たちと言い争いケンカになったが、ある青年がチャンソンの出自について差別的な発言をする。それを聞いたチャンソンは「白丁」の息子という理由でこのような差別と蔑視を受けることを悔しく思う。しかし、それよりもっと大きな何かと戦わなければならないとチャンソンが決意するところで、原稿は終わっている。

趙明熙「洛東江」

朝鮮プロレタリア文学の代表的作品と評価されるこの小説は、『朝鮮短編小説選（上）』（大村益夫・長璋吉・三枝壽勝編訳、岩波書店、一九八四年）に訳出されている。趙明熙（一八九四〜一九三八年）は忠清北道鎭川《チンチョン》出身で、一九二〇年から詩・小説・評論・児童文学などのジャンルで旺盛な創作活動をした。一九二五年朝鮮プロレタリア芸術同盟（カップ〈KAPF〉）結成に加わり、社会主義をめざす文学活動をおこなったが、一九二八年にソ連の沿海州に亡命し、一九三八年にスターリンによる粛清の犠牲となった。

あらすじ——パク・ソンウンは洛東江沿いの漁村に生まれ、簡易農業学校を卒業して郡庁の農業助手として働いたが、三・一運動に参加して拘留一年六カ月の判決を受ける。出所してからは満洲・ロシア・中国などを回りながら独立運動を続けた。五年後、彼は朝鮮に戻り慶尚道で社会主義運動家として活動をする。そのため警察に検挙されてひどい拷問を受け、病保釈で出獄するが、故郷に帰って死亡する。彼には「白丁」の娘でローザという恋人がいる。ローザの父母は食肉販売業を営む衡平社員であった。彼女はソウルで教育を受けたが、ソンウンと一緒に農村での活動に献身する。小説では、衡平社を組織した「白丁」とそれを支援する青年団体や農民団体を、一般の農民が襲撃する場面も描かれているが、これは慶尚南道金海《キメ》で一九二三年に起こった事件を想起させる。ソンウンが死亡した後、恋人であるローザが北行きの列車に乗っていく場面で小説は終わる。

抱石（趙明熙）『洛東江』
白嶽社（1928年）

金永八「コプチャンカル」

「コプチャンカル（곱장칼）」とは牛の内臓を摘出する刀のことである。金永八（一九〇二～一九五〇年?）はソウルで労働者の息子として生まれ、裕福ではない環境で育つ。一九二〇年日本大学に留学したが、中退して一九二二年一月に朝鮮人苦学生らが組織する蛍雪会に加入する。一九二四年一一月に北風会に加入し社会主義思想を受容し、翌年カップに加入して社会主義芸術家として活動をする。一九五〇年朝鮮戦争中に朝鮮人民軍に加わったが、その後の消息は不明。戯曲一四編と小説一三編、随筆と評論を残している。その作品には階級闘争と階級葛藤、社会風刺が多く描かれている。

あらすじ――舞台は、「白丁」たちの集団的居住地である「東小門」のあたりである。登場人物はチュンサン（四〇歳ぐらい）、クムドン（三〇歳ぐらい）、チョクチョル（二七歳ぐらい）、チュンサンの娘（二〇歳ぐらい）と「白丁」村の村人数人である。

「白丁」の何人かが集まって遠くから聞こえてくる音曲について話をしている。ある「白丁」が聞こえてくる音を「コムンゴの音」だというと、他の「白丁」たちはせせら笑いを浮かべて軽い言い争いになった。村の長老チュンサンが登場して「そんなことは、私たちが生きるのに何の役にも立たない」と答えた。しかし、チュンサンの娘と恋仲のチョクチョルはチュンサンの答えに疑問を持ち、人びとが享受するのが風流であれば、「白丁」も当然風流を知るべきではないかと問い返す。チョクチョルは「白丁」たちは昔ながらの因襲によって差別や虐待を受けてきたといいながら、それと闘うよう村人を説得する。チュンサンは消極的な態度を見せるが、チョクチョルと討論しているうちに同調するようになる。一方、チュンサンと「白丁」村の村人たちは仲間が両班に暴行され死んだことを知り、すぐに両班に抗議しに行くが、チュンサンは負傷をして死亡する。チュンサンの遺言を聞いたチョクチョルは復讐を誓う。

作品に描かれた「白丁」差別

これらの文学作品に表れている「白丁」差別についてまとめてみよう。①の小説では、キヨンは「白丁」の娘であることを隠して結婚したが、そのことを知ってから乱暴になった夫の態度に結婚差別が表われている。②の小説で、チャンソンはある青年から、「白丁」の息子だという理由で「非白丁」の彼女をもひどく侮辱する発言を聞く。結婚だけでなく恋愛問題でも「白丁」に対する差別があることが描かれている。③の小説では、衡平社員と「一般民」との衝突である反衡平運動が描かれている。主人公のソンウンが先頭になって青年会員、小作人組合、女性同盟員などとともに衡平社員を応援するために駆けずり回るのを見た「一般民」たちは、ソンウンに対して「おまえも新白丁だ」という言葉を投げつける。「白丁」を援助しようとする人びとも「新白丁」として侮辱されたのである。④の戯曲では、チョクチョルが「白丁」村の人びとに社会的差別のようすについて話す場面がある。居住地、冠婚葬祭、衣服、言動などに対する日常的な差別が詳しく語られている。

このような差別以外にも①~④の作品に描かれた共通の差別問題がある。それは「白丁」子女に対する教育差別である。①と③では子どもを勉強させるために、②では主人公自ら勉強するために「白丁」であることを隠してソウルの学校に入学して勉強する場面が描かれている。④では差別と闘うことを訴えるチョクチョル自身が教育を受けられなかったと語る場面がある。これらの作品では、差別から自由になるためには教育が重要であることが訴えられている。

このような差別に対して、小説や戯曲の主人公たちはどのよう立ち向かおうとしたのか。主人公たちは（③を除いて）、最初はみな消極的な態度を見せていたが、差別は個人の問題ではなく「白丁」集団全体の課題として認識するようになる。差別をなくすためには団結して計画的に動かなければならないことに気づく。①のキヨンは死ぬ前に友人のチジョン（妓生）に「烈士団」に関する手帳を手渡す。これは自分が死んだ後も差別をなくそうとする意志と希望を友人に託したものと考えられる。②と④では、因襲による不平等な差別待遇、両班たちの蔑視と圧制のなかで「白丁」たちは覚醒して次の段階にステップアップしようとする動きが表れている。③では衡平社員と一般民との衝突事件が起きたときに他の団体（青年団体・農民団体や女性同盟など）との有機的な関係を持って運動を展開しようとしたことが描かれている。

これらの作品の多くは、「白丁」の存在や差別克服の闘いを図式的に描いているという欠点を指摘することもできる。しかし、衡平運動の展開と並行して「白丁」を主人公にして差別解消の重要性を訴える作品が書かれたことは、注目すべき動きであったといえる。

参考文献

人名辞典編纂委員会『人名辞典』民衆書館、二〇〇二年（韓国語）
クォン・ヨンミン『韓国現代文学大辞典』ソウル大学校出版部、二〇〇四年（韓国語）
イ・グァンウク「問題的表象としての〝白丁〟と歴史劇を通じた再現の浪漫化――金永八の〈コプチャンカル〉と衡平運動を合わせ読む」『韓国劇芸術研究』第六九号、韓国劇芸術学会、二〇二〇年九月（韓国語）
大村益夫・長璋吉・三枝壽勝編訳『朝鮮短編小説選（上）』岩波書店、一九八四年

コラム●「白丁」が登場する映画

水野直樹

衡平社《ヒョンピョンサ》が創立された一九二三年は、朝鮮映画の草創期にあたっていた。朝鮮で最初の劇映画といわれる『月下の誓ひ』（朝鮮総督府逓信局製作、尹白南《ユンベンナム》監督）が京城（現在のソウル）で公開されたのは、衡平社創立の直前、四月九日のことだった。

身分的差別の解消を求める衡平社の運動とそれに対する反動が見られたことは、文化や芸術の面にも影響を及ぼすことになった。「白丁《ペクチョン》」（以下、白丁）差別をめぐる文学作品が書かれただけでなく、白丁が登場する映画が製作されるようになったのも、このような時代状況を表わしていた。

『闇光＝神の粧』（一九二五年）

一九二五年春、朝鮮キネマ株式会社の『神の粧』が製作された。白丁が主人公として登場する現代物の劇映画である。朝鮮キネマは釜山《プサン》在住の日本人らが出資して設立された会社で、実質的な運営代表者は高佐《たかさ》貫長《かんちょう》（日蓮宗寺院妙覚寺の住持）であった。同社は、事業目的に「内鮮融和及諸種の教育資料となるべき映画製作販売」とともに「朝鮮風俗を基本とする純映画製作販売」を掲げていた。高佐は王必烈という朝鮮名で監督を務め、朝鮮の古典文学を素材とした劇映画『海の秘曲』『雲英伝』などを製作したが、現代物として白丁を主人公とする映画を企画した。当初『闇光』というタイトルがつけられていた。

あらすじは、次のようである。

◇偽りの戀から（朝鮮キネマ作品闇光）
近く朝鮮からやつて來る朝鮮キネマ研究會第一回作品闇光といふ十四巻の純朝鮮の生活劇。居酒屋の看板娘（朝鮮の栗島すみ子李彩田粉子）が偽りの戀から波瀾が起きて涙を誘ひ最後に目出度し目出度しの圓の〜となるといふもの

『闇光＝神の粧』の一場面（『読売新聞』1925年1月28日）

ある村に酒売りをする台得《テドク》という不良がいたが、ある日、道端で何人かに殴られているところを、ちょうど通りがかった白丁（屠牛夫）の権義根《クォンウィグン》に助けられ、無事に自分の家に戻った。台得を送り届けた義根は、そのとき初めて台得の妹瑢珠《ヨンジュ》の姿を見て、彼女に恋心を抱いた。義根は瑢珠を忘れることができず、毎日瑢珠がいる酒屋に出入りするようになった。

瑢珠の酒屋に足繁く通う悪漢呉允用《オユニョン》は彼女を妾《めかけ》にしようとしていたが、かえって彼女から嫌われた。彼女は允用への面当てに義根を愛しているように見せかけた。そのため義根のわずかな収入は酒代となって消えてしまった。彼の家は困窮したばかりか、盲目の妹は村で飯をもらって食べ歩くようになった。ある日、義根は道端で自分の妹の姿を見て、自分の過ちを悟り、二度と酒を飲まないと誓った。

台得は呉允用の部下になって、允用に妻を離縁させる一方で、自分の妹を允用に売り飛ばそうと考えた。台得はある日、瑢珠を允用のところに連れて行って、凌辱《りょうじょく》されるようにしたが、ちょうど義根がそれを知って追いかけ、瑢珠を救い出した。義根はそのために警察に捕えられたが、両班《ヤンバン》である朴相勲《パクサンフン》がその事情を知って、義根を警察から救い出した。こうして瑢珠も権義根を愛するようになった。

しかし、台得は瑢珠が允用の嫁に行かないからといって、刀を持ち出して瑢珠を脅迫したが、あやまって自分の母親を刺してしまった。良心の呵責《かしゃく》に耐えかねた台得は高い丘から落ちて死んでしまった。母と兄を失った瑢珠は悲嘆にくれたが、義根の強く熱い愛を受けて、彼の力強い腕に抱かれた。(『キネマ旬報』第一八八号、一九二五年三月一一日、『毎日申報』一九二五年一月二六日)

若い女性をねらう悪漢、その手助けをする女性の兄、そして身分を超えた愛――新派劇の筋立てにのっとった現代物の劇映画である。しかし、そこには白丁差別に立ち向かう衡平社の運動が反映していたのである。監督は高佐だったが、『月下の誓ひ』を監督した尹白南が演出を援助した。尹は朝鮮キネマに参加する前は、激しい反衡平運動が起こった金海《キメ》に住んでいた。撮影助監督を務めた李慶孫《イギョンソン》は、「特に『曙光』(『闇光』の間違い)は内地の水平運動と云へる朝鮮の衡平社問題をテエマにし、ある場面には強姦《ごうかん》あり奪略《(ママ)》あり争闘あり賭博ありと云ふ所謂《いわゆる》人生の暗い場面を余り露骨に失せず表現しなければならなかったものですから随分と苦心しました、何分当局の撮影取締が中々げんじゅうですからね」(『大阪朝日新聞』朝鮮版、一九二五年四月二日)と語っている。

京城での上映のために警察の検閲を受ける過程で映画のタイトルが『闇光』から『神の粧』に変更さ

れたが、「神の粧《シンエチャン》」は屠夫が使う屠畜用の刀のことを「神の杖《シンエチャン》」と呼んでいたことに由来するものであろう。そのような言葉を知っていたのは、演出を助けた尹白南ら朝鮮人スタッフであったと考えられる。

『神の粧』は結局、京城では上映を禁止された。検閲当局が「白丁の残忍なる生活状態並常民《サンミン》との軋《あつ》轢《れき》を骨子とし階級的闘争を諷示《ふうじ》し、其の間賭博、誘拐、強姦等の場面を加味せるもの」と見なしたためである（黒頭巾「京城の映画と検閲」『警務彙報』一九二六年三月号）。ただし、当時は各地方で別々に映画検閲がなされていたので、京城では上映禁止になったが釜山では上映されることになった。

『闇光＝神の粧』はフィルムが残っておらず、製作・監督が日本人だったために朝鮮映画史ではほとんどふれられることがなく、忘れられた存在となっている。しかし、その後の朝鮮映画史で重要な役割を果たすことになる尹白南、李慶孫、羅雲奎《ナウンギュ》などがかかわったこと、白丁差別という現代社会の問題を描いたことなど、注目すべき映画であるといえよう。

『不忘曲』の一場面
（『東亜日報』1927年1月6日）

映画『不忘曲』（一九二七年）

劇団土星会の第一回映画作品として一九二六年一一月に撮影が開始された。脚色・監督は李圭卨《イギョソル》だった。李圭卨は朝鮮映画草創期に活躍した監督・俳優である。朝鮮王朝の世宗《セジョン》時期の宮中秘話を描いた歴史劇で、「白丁」が登場する場面があったという。

水平社の高丸義男が衡平社を訪問した際、「(一月)八日より朝鮮劇場に上映さるる土星会第一回作品『不忘曲』(全八巻)と題する映画が水平(ママ)社員に対する侮辱の場面を存するとのことだから事実とすれば甚だ怪しからぬと提議した者あり。そこで一同揃《そろ》つて朝鮮劇場を訪ひ真相を確めるところがあつたが、右の映画はその筋の上映禁止を喰《くら》ひ映写不能のものと判明した」(『朝鮮新聞』一九二七年一月九日＝『史料集・続』二一三頁)と伝えられている。

総督府は、映画に残忍な場面があるという理由でいったん上映を禁止したが、その後、再撮影と一部のフィルム削除を条件に上映を認め、一月二二日に封切公開されたようである。しかし、白丁が登場する場面がどのようなものだったか、衡平社がそれにどのような反応を示したかは、不明である。

『洛東江』の一場面(『東亜日報』1931年6月12日)

『洛東江』制作計画(一九三一年、未完成)

趙明熙《チョミョンヒ》が釜山近くの金海における衡平運動反対の襲撃事件を描いた小説『洛東江《ナクトンガン》』を映画化する計画が、朝鮮プロレタリア芸術同盟(カップ)傘下の映画集団ソウル・キノによって立てられ、一九三一年六月にソウル・キノの農村映画部の監督秋赤陽《チュチョギャン》・

金海雄《キムヘウン》によって撮影が開始された。黄河石《ファンハソク》ほかが出演すると伝えられ、映画場面の写真も新聞に掲載された（『朝鮮日報』一九三一年六月九日）。

しかし、その後、カップの内部対立や当局による弾圧（一九三一年、三四年）によってソウル・キノも解体したため、映画は完成しなかった。

なお、解放後の韓国映画では、『日月《イルウォル》』（一九六七年、李星究《イソング》監督）が白丁の後裔《こうえい》の煩悶《はんもん》・悩みを描いている。これは、小説家黄順元《ファンスノン》の長編小説『日月』（一九六五年）をもとにした映画だが、原作では衡平社の歴史を引き継ごうとする韓国畜産企業組合の動きなどが紹介されている（日本語訳は、『現代韓国文学選集 I』冬樹社、一九七三年）。

参考文献

水野直樹「「闇光＝神の粧」（一九二五年）の映画史的意味」（『映画研究』第八三号〈韓国映画学会〉、二〇二〇年〈韓国語〉）

水平社と衡平社の交流と連帯

朝治 武

水平社の創立と国際連帯の試み

全国水平社（以下、全水）は、一九二二年三月三日に京都市で創立された。綱領の第一項で「特殊部落民は部落民自身の行動によつて絶対の解放を期す」とあるように、部落民アイデンティティにもとづく自主解放の理念を掲げたが、同時に第三項で「吾等は人間性の原理に覚醒し人類最高の完成に向つて突進す」とあるように、国内外を問わずすべての被差別マイノリティを人間主義によって解放するという人類愛をも志向するものであった。また決議の第一項では「吾々に対し穢多及び特殊部落民等の言行によつて侮辱の意志を表示したる時は徹底的糺弾を為す」と述べられたように、部落差別に対して妥協することなく果敢に闘う意思を明確にした。

このうち人類愛の理念にもとづいて、一九二三年三月二・三日に京都市で開かれた全水第二回大会では、奈良の柏原《かしはら》水平社から「水平運動の国際化に関する件」が提案された。これによってイギリスの植民地支配を受けていたアイルランドとインドの独立運動、アメリカの黒人解放運動、日本の植民地支配を受けていた朝鮮の独立運動との連絡によって水平運動の国際化を図ろうとしたが、基本的に通信の交換にだけ限定することで可決された。

この大会では、中央執行委員の泉野利喜蔵《いずのりきぞう》が、都市貧民の救済などを目的として一九二〇年に結成され、全水創立にも協力した青十字社の木本凡人《きもとぼんじん》から示唆を受け、緊急動議として「水平社と朝鮮人の提携に関する件」を提案した。しかし「朝鮮人と連携するが如きは、世人の誤解を受け水平運動の支障となるべし」との反対意見が出され、議長を務める中央執行委員長の南梅吉によって緊急動議は握りつぶされた。

泉野が緊急動議を提出したのは、大阪朝鮮人協会会長の李善洪《イソンホン》が中心となって、一九二二年一二月六日に大阪市において関西朝鮮人連盟が結成されたことと深く関係していた。木本によって起草された関西朝鮮人連盟の宣言、綱領、決議は、全水のものと酷似していたように、その理念と方向は全水と共通していた。また日本の官憲史料によると、関西朝鮮人連盟の結成に参加した泉野は「鮮人解放運動は、水平運動と其の趣旨を同《おなじ》うするものなるを以て、本会は吾水平社の姉妹団体として、大に提携努力せんことを望む」、また中央執行委員の米田富《よねだとみ》は「朝鮮人は吾等部落民と同祖同族なること、不断の努力を以て多少の犠牲を払ふとも、飽く迄目的貫徹に進むべきこと」を力説した。

泉野が実際に「鮮人」という言葉を使用したかどうかは確認できないが、米田が述べた「同祖同族」は日本において民族差別に苦悩する朝鮮人に対する好意によるものであったとしても、日本の朝鮮に対する植民地支配を合理化する「日鮮同祖論」に通じる論理であった。このように初期の全水は、朝鮮に対する植民地支配の問題点を明確に認識し得なかったが、人類愛にもとづいた朝鮮人との提携などの国際連帯の試みには、意欲的な姿勢であった。

衡平社の創立と日本社会の反応

朝鮮において水平運動が初めて報じられたのは、『朝鮮日報』一九二二年一二月二四日の記事だったが、大きく報じたのは、一九二三年三月二一日の『東亜日報』が掲載した、同年三月一七日に奈良で勃発した水平社と大日本国粋会との間での争闘事件、いわゆる水国争闘事件についての記事であった。この記事によって水平社の存在と水平運動の一端が朝鮮社会で広く知られるようになり、京都府水平社には朝鮮人の洪鍾声《ホンジョンソン》が参加していたことも報じられた（『東亜日報』一九二三年五月二九日）。

約一カ月後の一九二三年四月二五日、旧「白丁《ペクチョン》」（以下、白丁）を中心として慶尚南道の晋州《チンジュ》で衡《ヒョン》平社《ピョンサ》が創立された。衡平社は主旨の冒頭で「公平は社会の根本であり、愛情は人類の本領である」と述べたように、人間主義と人類愛を基本的な理念とし、社則では「本社は階級打破、侮辱的称号廃止、教育奨励、相互の親睦を目的とする」（『史料集・続』五〇頁）と記された。

このように衡平社の人間主義と人類愛という理念は全水の理念と共通していたが、主旨では「我ら白丁」と名乗りつつも、全水が基本としていた部落民アイデンティティのような白丁アイデンティティともいうべき自主解放の理念は相対的に弱く、それゆえ社則に「本社員の資格は、朝鮮人は何人を問わず入社することができる」と記され、白丁だけでなく非白丁でも主旨に賛同すれば衡平社に参加することができた。

衡平社の創立については、日本では『大阪毎日新聞』（一九二三年五月一日）が、「内地の水平社と同一事情の下にあるので、衡平社の運動は軈《やが》て海を越えて内地の水平社と握手し、同一の歩調をとるに至るかも知れぬといはれてゐる」と初めて報じた。この記事では水平社と衡平社の共通性から同一歩調の可能性が予測されるなど、衡平社は日本社会において注目を集めることになった。

そして水平社が衡平社に注目したきっかけは、中央執行委員の平野小剣《ひらのしょうけん》が編集する関東水平社機関紙『関東水平運動』第一号（一九二三年七月一五日）に、孫永極《ソンヨングク》「朝鮮の水平運動――衡平運動の主義と其主旨書」（『進め』第一年第五号、一九二三年六月＝『史料集・続』三七三〜三七四頁）が転載されたことからであった。また日本共産党員の佐野学は、七月に共産主義インターナショナル（コミンテルン）に宛てた報告で衡平社の創立に注目し、日本共産党員で一九二三年一一月一日に結成された全水青年同盟の理論的指導者である高橋貞樹は、一九二四年の『特殊部落一千年史』では、衡平社との階級的な連帯の必要性を主張した。

交流の開始

一九二四年三月二・三日に京都市で開かれた全水第三回大会では、水平社と衡平社の関係に関する重要な議案が提出された。日本の官憲史料によると、奈良の小林水平社は「内地における鶏林同胞の差別撤廃運動を声援するの件」を提案した。「鶏林《ケリム》」とは朝鮮の美称である。説明に立った木村京太郎は「彼等の差別撤廃運動に声援したいのである」と説明した。しかし全九州水平社から「彼等は白丁を虐《いじ》めておるのだから、彼等に白丁を虐めてはならぬと警告文を発したい」との意見があり、これを取り入れて可決された。

また群馬県水平社によって「朝鮮の衡平運動と連絡を図るの件」(『史料集・続』四一二〜四一三頁)が提案され、提案者から「衡平社の綱領は水平社の綱領に似ておる、我々は衡平社と連絡をとりたいのである」と説明された。しかし全九州水平社から「君は衡平社の内容及びその性質を知ってをるか」との意見が述べられると、提案者が「馬鹿」と一喝したため会場は混乱した。しかし平野小剣が衡平社は「水平社に厚意を寄せた」と述べたことも関係して、多数の賛成で可決された。また日本の官憲史料によると、大阪朝鮮人協会の李善洪が木本凡人と連絡を取り、衡平社に「朝鮮の衡平運動と連絡を図るの件」が可決されたことを伝えた(『史料集・続』四二二〜四二三頁)。

衡平社臨時総会は二月一〇・一一日に釜山で開かれ、おそらく水平社の状況を探ろうとする「日本視察の件」が提出されたが、第二回定期総会まで保留とすることになった(『東亜日報』一九二四年二月一三日)。また参加した一人は、「内地でも既に水平社が起つて今や、横暴なる世間と闘つてゐます」「私等の主眼とする所は、この侮辱的社会から逃れることです、その為めに一致団結して闘ふのです」(『大阪朝日新聞』朝鮮版、一九二四年二月一七日=『史料集・続』一三八頁)と水平社に関心を示した。

そして三月一二日に衡平社から衡平社革新同盟が分立し、二つの団体が対立するようになった。晋州の衡平社連盟本部の幹部は、四月二五日に開催を予定していた衡平社第二回大会に向けて、全水と歩調を合わせる必要があるとして、東京の共産主義的な朝鮮人留学生組織である北星会の白武《ペクム》と韓昌植《ハンチャンシク》を通じて、全水に代表者を派遣して講演するよう交渉したことに、警察当局は大いに警戒した(『毎日申報』一九二四年四月二四日=『史料集・続』一三八〜一三九頁)。

全水は四月二五日に晋州で開かれた衡平社第二回大会に際して、「吾等は、所謂《いわゆる》(マヽ)神的奴隷性の領域を突破せんとする人類の旗持として、選ばれたる民であることの悦びを共にして進軍しやう」（『水平新聞』第一号、一九二四年六月二〇日＝『史料集・続』四一五頁）との祝辞を送った。これに対して衡平社連盟本部は、メーデーの五月一日に「我が衡平運動と其目的が同一なる水平社と握手し、運動の連絡を図ること」とともに、「我々は国境を超越し、世界同胞主義に立脚して、我々の理想社会を建設しようではないか」（同前）との決議で応え、ここに全水と衡平社との間で人間主義と人類愛を基本とする正式な連絡が成立し、文書の交換による海を越えた交流が開始されることになった。

一方、晋州の衡平社連盟本部に対立する衡平社革新同盟が、四月二五日に京城で開いた衡平社創立一周年記念祝賀式には、大分県水平社の所属で京城にいた立命館大学経済科学生の猪原久重《いはらひさしげ》が出席した。朝鮮の警察史料によると、猪原は全水を代表して「日本水平社、朝鮮衡平社が倶〳〵《ともども》に提携して、光輝ある此《こ》の運動のため、徹底に実行されんことを願います」（『史料集』一五二頁）と述べ、ここに全水と衡平社革新同盟との間に初めての人的な交流が始まった。

衡平社の分裂と交流の混乱

ところが衡平社連盟本部は衡平社革新同盟との対立が激しくなったので、革新同盟との調停の斡《あっ》旋《せん》を木本凡人に依頼し、中央執行委員の栗須七郎を中心とする大阪府水平社の幹部が、一九二四年六月一日に理由の如何《いかん》を問わず互いに譲歩すべきだとする忠告状を双方に送った（『毎日申報』一九二四年六月九日＝『史料集・続』一四四頁）。また全水から調査の依頼を受けた猪原は、六月二四日に白丁の自主性が濃厚な衡平社革新同盟が正当であるという報告を送ったため（『同和通信』第一五二号、一九二四年六月二七日)、全水は「吾が水平社は、今後革新同盟との間に連絡を執る筈《はず》である」(『水平新聞』第二号、一九二四年七月＝『史料集・続』四一七頁)と衡平社革新同盟に対する支持を表明した。

かくして衡平社連盟本部と衡平社革新同盟が協議を重ねた結果、衡平社統一大会が八月一五日に忠清南道の大田《テジョン》で開かれ、新たな朝鮮衡平社(以下、衡平社)という名称で再出発することになった。この統一大会については、朝鮮においては全水が努力した結果という見方もあり(『毎日申報』一九二四年一〇月一日)、全水は「今後、我が水平社と完全なる連絡を採つて、共同の目的に向つて突進したいと希望してゐる」(『水平新聞』第四号、一九二四年九月二〇日＝『史料集・続』四一八頁)と好意的に受けとめた。また全水の幹部と関係があった遠島哲男《とおじまてつお》は朝鮮を訪れ、この統一大会にも参加した(『同和通信』第二〇二号、一九二四年八月二六日＝『史料集・続』三七八頁)。

統一大会の後、同大会において臨時議長を務めた衡平社執行委員の金慶三《キムキョンサム》ほか一人が、全水との連絡とともに日本政府の了解を得るため九月一九日に渡日し(『朝鮮日報』一九二四年九月二一日)、遠島と深くつながった衆議院議員の横田千之助が主宰する同和事業研究会の事務所で、平野ら東京水平社同人と懇談した(『同和通信』第二二四号、一九二四年九月二〇日)。また金慶三は一〇月五日に太田町で開かれた群馬県水平社大会では、「人間礼讃差別徹廃を高唱」する演説をおこなったが(『同和通信』第二三八号、一九二四年一〇月八日)、日本の官憲史料によると、関東水平社執行委員長の村岡清五郎、栗須七郎、平野小剣らに会ったことに対して、内務省は神経を尖《とが》らせざるを得なかった(『史料集・続』四二一〜四二二頁)。

三重県水平社はその機関紙において衡平社について大きく報じ(『愛国新聞』第二〇号、一九二四年九月一一日＝『史料集・続』四一七頁)、下関水平社執行委員長の下田新一、『関門水平新聞』発行人の金重誠治、記者の清水は、一〇月七日に衡平社本部を訪問した(『東亜日報』一九二四年一〇月一〇日)。また一〇月二二日の全九州水平社臨時大会において、「朝鮮衡平社視察員派遣の件」が可決された(『大阪時事新報』一九二四年一〇月二三日)。さらに一一月二三日に名古屋市で開かれた東海水平社第二回大会においては、「朝鮮衡平社運動視察の件」が提案されたが保留になった(『選民』第一一号、一九二四年一二月一五日＝『史料集・続』四二一頁)。

交流の深化

ところが一〇月一〇日になって遠島哲男が警視庁のスパイであるとする、いわゆる遠島スパイ事件が発覚し、一部の幹部が遠島との関係が深かったため全水は激震に見舞われ、大きな混乱に陥った。そこで全水府県代表者会議が一二月一・二日に大阪市で開かれ、中央執行委員の全員が総辞職、南梅吉が勇退、平野小剣が権利停止、米田富が陳謝に追い込まれた。

とくに水平社と衡平社との連絡を実質的に担っていた平野の影響力が失墜したことは、両者の交流を中断させる危機を生じさせた。また一一月二〇日頃に開かれた衡平社執行委員会において、遠島との親密な関係を疑われた金慶三は、八月に朝鮮を訪問した遠島との間で遠島が主宰する同和通信社の総支社を朝鮮に設置する契約を交わし、さきに述べたように東京にも訪問したものの、遠島から一万円を受け取ったことは事実無根で中傷に過ぎないと釈明せざるを得なかった(『東亜日報』一九二四年一一月二五日)。

平野小剣と南梅吉は全国水平社から離脱したとはいえ、朝鮮の警察史料によると、一九二五年四月二四日に京城で開かれた衡平社第三回大会に個人の資格で祝電を送った（『史料集』一六七頁）。そして遠島スパイ事件によって生じた全水内の混乱を収拾するために、全水第四回大会が五月七・八日に大阪市で開催され、全水青年同盟の共産主義勢力が本部に進出して大きな影響力を確保し、共産主義勢力を許容する福岡の松本治一郎が中央委員会議長に就任して、運動論と役員構成が大きく変化することになった。また大会に衡平社が祝辞もしくは祝電を送ったことは（『愛国新聞』第三〇号、一九二五年六月一〇日）、衡平社が水平社との交流を継続させる意思に変化がなかったことを表していた。

栗須七郎と親密な北井正一を中心とした大阪府南河内郡の新堂《しんどう》水平社などが七月二七日に開いた社会問題夏期講習会では、大阪在住の高順欽《コスンフム》が衡平運動の現況について講演したように（『大阪水平新聞』第三号、一九二五年九月一五日）、衡平社に関心を示す地域水平社も存在した。また朝鮮水害罹《り》災《さい》同胞救済大会が八月二二日に大阪市で開かれ、水平社同人の緊急動議によって抗議文と衡平社を応援する電報を送ることが決定された。

このうち抗議文は、大阪府水平社、朝鮮自由労働団など一一団体が応援団として名を連ねた朝鮮水害罹災同胞救済大会の名称によるものであり、八月九日に起こって朝鮮社会を震撼《しんかん》させていた醴《イエ》泉《チョン》事件に関して、衡平社を襲撃した醴泉青年会と醴泉労農会に宛てたものであった（『朝鮮日報』一九二五年八月二七日＝『史料集・続』一七五頁）。さらに米田富が中心であった奈良の大島水平社と関係が深い『新聖潮』第一号（一九二五年九月一日）は、醴泉事件を批判的に報じた（『史料集・続』四二二頁）。

全水青年同盟は九月一八日に大阪市で全水無産者同盟へと改組し、より鮮明な共産主義勢力として水平運動の階級闘争化を進めるようになった。これに対抗するため、一〇月一八日に京都市で全水自由青年連盟（のちに全水青年連盟）の協議会が開かれ、平野をはじめ京都の菱野貞次《ひしのていじ》、大阪の下阪正英、岐阜の北原泰作、静岡の小山紋太郎らによって無政府主義勢力が形成された。日本の官憲史料によると、この協議会で小山が「衡平社と連絡を図る件」を提案して、「水平社と衡平社とは同じ運命にあつて、将来は当然合体すべきものである」「視察連絡委員三名を、来年四月二六日の衡平社大会当日迄に朝鮮に派遣したい」と説明し、三重の北村庄太郎、下阪、菱野の派遣を決定したが、派遣の実現には至らなかった（『史料集・続』四二三頁）。

初期水平社の影響を受けた衡平社

衡平社は醴泉事件の対策とも関係して、社会主義勢力と民族主義勢力を含む社会運動との連携を模索して広い支援を得ようとするようになったが、これに対して京城警察署は警戒の目を光らせた（『史料集』一九一頁）。そして朝鮮の警察史料によると、衡平社は一九二五年五月までに、綱領の第一項を「一、白丁階級の解放運動は白丁階級自身の行動に依り絶対に解放を期す」とした（京畿道警察部『大正十四年五月　治安概況』）。

一九二六年四月一〇日に晋州で開かれた衡平社慶南《キョンナム》道連盟創立総会では、宣言に「全国に散在する衡平社員よ、団結しよう！」「我らは卑屈な言動と臆病《おくびょう》な行為を捨てて、真の人生の熱と光を求めて礼賛しよう」、綱領に「一、我らは経済の自由と職業の自由を社会に要求し、その獲得を期す」

「一、我らは人間性の原理に覚醒し、人類の最高理想に向かって突進す」、決議に「我らに対して白丁という意味で侮辱の意思を表示した時には、徹底的に糺弾すること」（『毎日申報』一九二六年四月一四日＝『史料集・続』一九五〜一九六頁）などが盛り込まれた。

また一九二六年四月二一日に開かれた慶南咸安《ハマン》衡平社第二回総会では、「人権に関する件」で「われわれに対して「白丁」という意味で侮辱する場合は、徹底的に糾弾すること」（『東亜日報』一九二六年四月二七日）を決議し、四月二四日に京城で開かれた衡平社第四回大会でも、「差別問題に関する件」で「我々に対して白丁という侮辱的意思を示す時には、いかなる者であっても徹底的に糾弾すること」（『時代日報』一九二六年四月二六日＝『史料集・続』一九六〜一九七頁）を決議した。

さらに衡平社は、一九二六年一一月に栗須七郎が著した『水平宣言』（大阪水平社、一九二四年）を翻訳して配布することを発表し（『朝鮮新聞』一九二六年一一月一六日＝『史料集・続』二〇七頁）、一二月には衡平社との関係が深い赤雹団《せきひょうだん》の安《アン》秉禧《ビョンヒ》が翻訳、張志弼《チャンチピル》が校閲して四〇〇〇部を印刷して広告ビラを配布した（『朝鮮新聞』一九二六年一二月一二日＝『史料集・続』二〇九頁）。

『水平宣言』広告（『東亜日報』1927年3月2日）

これら衡平社の同時的な動きは、初期全水の運動的原則を適用しつつ、白丁自身の自主性を重視しながら、差別事件に対する差別糺弾の採用も含めて差別を撤廃しようとする運動論に変化させようとする新しい模索であった。

二月一三日に開かれた慶尚北道の衡平社金泉《キムチョン》分社臨時大会では「水平社訪問の件」（『東亜日報』一九二六年二月一五日）が可決され、二月一七日に開かれた衡平社中央執行委員会では、特派員として張志弼と呉成煥《オソンファン》が選ばれた（『東亜日報』一九二六年二月一九日）。朝鮮の警察史料によると、この特派員はのちに張志弼と金三奉《キムサンボン》に変更されたが（『史料集』一一八頁）、渡日の資金が集まらず中止になった。資金難に陥った衡平社本部は、「かゝる有様では、水平社との連繫の上にも非常な支障を生じ、なほ衡平運動の将来にも大きい暗影が投ぜられ、遂には運動も竜頭蛇尾に終ることを懸念」（『朝鮮新聞』一九二六年一二月二四日＝『史料集・続』二一〇頁）していると伝えられた。

交流の停滞と朝鮮社会の反応

かたや全水、香川県水平社、静岡県水平社本部、全水青年連盟が、一九二六年四月二五日に京城で開かれた衡平社三周年記念式に祝文と祝電を送った。朝鮮の警察史料によると、このうち内容がわかる静岡県水平社本部の小山紋太郎からの祝詞は、日本の官憲を批判して「戦へ〳〵、兄弟（白丁）解放の為めに決して心配するな、何時でも応援に行く。吾等兄弟は衡平社の兄弟と完全に握手する機会を希《ねが》つて居る」と述べたが、「不穏過激」と見なした臨検の警察官によって発表が禁止された（『史料集』二〇七〜二〇八頁）。

また日本の官憲史料によると、大阪府水平社大会が四月四日に大阪市で開かれ、梅田水平社が提出した「衡平社との共同戦線に関する件」は、理由は不明であるが撤回され、五月二・三日に福岡市で開かれた全水第五回大会では、京都府水平社によって「朝鮮衡平社と連絡促進の件」が提出されたが、結果的には議論に至らなかった。この議案は菱野貞次によって作成された可能性があり、基本的には部落民自身の自主性を基本とする初期水平社の理念を継承した動きであった。

このような水平社による衡平社との連絡の動きについて、朝鮮では「最近にいたつて水平社側が衡平社に対して本当に理解をするようになり、それにともなつて両者の間で接触が深まり」(『毎日申報』一九二六年六月一八日＝『史料集・続』二〇〇頁)と好意的に紹介された。しかし他方では、「水平社は経済力において衡平社より優位である」「水平社が政党関係に深いつながりをもつ段に至れば、衡平運動者の忠実な伴侶にはなれない場合もある」(『中外日報』一九二六年一二月二日＝『史料集・続』二〇八頁)とも報じられ、水平社の組織的な優位と男子普選体制が植民地の朝鮮に及ばない政治状況を考慮して、交流が発展する可能性については懐疑的な見解が示された。

交流から連帯への模索

一九二七年一月八日に突如として、全四国水平社委員長と香川県水平社委員長を兼ねる高丸義男が京城の衡平社本部を訪問し、朝鮮の新聞を賑《にぎ》わせることになった。高丸は個人の資格で衡平社本部の張志弼と会談したが、「今回朝鮮に来たのは、やはり、朝鮮衡平社と連携問題について議論するためです」(『朝鮮日報』一九二七年一月一〇日)と述べ、対する張志弼も「頗《すこぶ》る気乗りがしてゐる模様」(『朝鮮新聞』一九二七年一月九日＝『史料集・続』二一三頁)であった。

高丸は帰国した一月一二日に、「今まで朝鮮と内地との連絡はとれず、しかもあちらは朝鮮人ばかりなので言葉も通じにくく、困つてゐたのだが、今後は文書のみでなく、内地と朝鮮は時々会合して実情を談合《はなしあ》い、一層親密にするやう話を決めて来た」（『大阪朝日新聞』香川愛媛版、一九二七年一月一三日）と述べ、一月一三日には張志弼に対して歓待の礼を述べる手紙を送った。朝鮮の裁判史料によれば、この手紙には「将来に於ける内鮮融和の理想実現に付いては、我々水平社と貴衡平社の死にものぐるいの活動に依つて、一般民衆の先覚者となり奴等の妨害も反抗も物ともせず猛進する働所《はたらきどころ》、否死場所の土台が出来たと言ふ点に付いては、皆双手《もろて》を挙げて大満足です」（『史料集・続』五一九頁）と書かれていた。しかし「内鮮融和の理想実現」と記されたように、朝鮮に対する日本の植民地支配に対して必ずしも批判的な認識ではなかった。

ところが高麗革命党事件に関係したとして、一月二〇日に張志弼ら衡平社の幹部が逮捕され、これが二二日から新聞で大きく報道されると、高丸は三一日に衡平社本部を再び訪問して詳細を知ることになった（『朝鮮日報』一九二七年二月一日）。のちに高丸は香川県水平社が穏健な社会運動と連携することを許容しつつも、香川県水平社が四月から左翼化したことに反対し、本来的な保守的傾向を強めたため八月二〇日には除名処分を受け、水平運動から離脱することになった。

衡平社執行委員の李東煥《イトンファン》（李同安《イトンアン》）は、衡平社独自の課題を重視しつつも共産主義に共鳴していたが、朝鮮の警察史料によると、一九二七年一月に高丸から全水の状況を聞いて刺激を受け、三月下旬に渡日して、京都、大阪、香川の水平社を視察し、全水の活動家である高丸をはじめ菱野貞次（常任理事）、徳永参二（中央委員、愛媛県水平社委員長）らと話し合った。内務省史料によると、四月一日に大阪市で開かれた全水拡大中央委員会に出席し、「目下衡平運動は指導者の欠乏の為、其の活動活発ならざるに依り、水平社より相当の闘士数名を派遣せられたき旨を希望し」、これに対して全水は「闘士派遣の件は本年度全国大会後に人選すべく、将来時々代表者を交換して共同戦線を張ることに決定し、挨拶状を発送した」と答えた（内務省警保局『昭和二年中ニ於ケル水平運動ノ状況』）。この闘士の派遣についての問答は、基本的に差別糾弾をめぐるものであったと考えられるが、「共同戦線」を提案した全水のほうが前のめりの態度であったように思われる。

水平社との連帯を保留した衡平社

衡平社第五回大会が一九二七年四月二四日に京城で開かれ、日本から帰った李東煥によって「水平社との提携の件」が提案された。朝鮮の警察史料によると、李東煥は水平社と提携の問題に関し、「内地の水平運動は既に階級打破の目的を遂行し、進んで組織的運動に入り驚くべき発達を為《な》しつつあるに反し、衡平運動は未だ日浅く何等成績の見るべきものなく、其間径庭《けいてい》甚《はなはだ》しきものありて、提携は時期尚早なり、温かき連絡を保持して将来に俟《ま》つべし述べ、これに対して列席者亦《また》之に賛同し、遂に保留となれり、事情如斯《かくのごとく》にして未だ深き連繋《れんけい》を有するに至らず」（『史料集』一一八～一一九頁）という状況であったと報告された。いまだ衡平社は水平社との連帯に慎重であった。

また一九二七年四月二五日の創立五周年記念祝賀会では、朝鮮の警察史料によると全九州水平社執行委員の松本清が祝辞で「内地水平運動の起源を説明するに当り、徳川公攻撃より階級闘争に論を進め」（『史料集・続』四七四頁）ため、臨検の警察官から幾度も中止を命じられた（『東亜日報』一九二七年四月二七日）。そして朝鮮の裁判史料によると、李東煥の勧誘によって、四月下旬には衡平社の朴好君《バクホグン》と吉漢東《キルハンドン》が水平運動を学ぶため京都の菱野を訪ねたものの、何らの成果も得ることはできなかったという（『史料集・続』五九四頁）。

さらに朝鮮の警察史料によると、水平社との提携は保留になったものの、五月二八日の衡平社常務委員会において「全国水平社定期大会出席の件」が可決され、李東煥の派遣が決定された（『史料集』二二二頁）。しかし一一月二四日に開かれた常務執行委員会の「全国水平社大会出席者に関する件」（『史料集』二二八頁）では、李東煥に代わって金三奉が代表として参加することに変更された。

全水第六回大会が一九二七年一二月三・四日に広島市で開かれ、三日の演説会における金三奉の演説は、「朝鮮に於ける被差別階級の悲惨な内情を片語交《かたこと》りに大衆に訴えるところあつて多大なる刺激を与えた」（中野繁一《なかのしげいち》『広島県水平運動史』全国水平社広島県連合会＝『史料集・続』四二六頁）というが、衡平社に対する具体案が提案されることはなかった。また大会には、衡平社総本部が「貴社の盛大なる大会を祝す」という祝電を送ったという（原口幸一『愛を慕ひて』人間愛社、一九三五年＝『史料集・続』四二六頁）。

そして朝鮮の裁判史料によると、中央委員会議長の松本治一郎が一九二八年二月二〇日に初めて実施された衆議院議員選挙に立候補した際には、衡平社から激励文が送られたので、全水本部は三月一日に感謝状を送った（『史料集・続』五一七〜五一八頁）。しかし三月一五日の日本共産党員に対する一斉検挙、いわゆる三・一五事件によって、全水内の共産主義勢力は影響力を大きく後退させ、全水は一時的に本部の機能が麻痺《まひ》することになった。

衡平社が水平社との連帯を可決

衡平社第六回大会が一九二八年四月二四〜二六日に京城で開かれ、朝鮮の警察史料によると、一日目に徳永参二《とくながさんじ》が全水を代表して情勢報告をおこない、「水平社が何故提携を望むか、其効果は内部の組織が完備すると同時に、外部の力が偉大となり解放の力が拡大するからである」（『史料集』二四七頁）と述べた。そして二日目に提案された「水平社提携の件」については、徳永が「堅く握手し、一身《（一心）》同体となり迫害に対抗するの必要ありと力説」し、最終的には「時期尚早説、保留説、非提携説、提携説と岐《わか》れ、長時間討議の結果五十八票対十二票にて提携に可決」（『史料集』二三七頁）になった。

これによって衡平社は水平社との「提携」という名の連帯へと舵《かじ》を切ったが、その連帯の具体的な内容については必ずしも明確に説明されなかった。そのため四月二五日の中央委員会で高麗革命党事件で無罪判決を受け釈放されたばかりの張志弼が「径庭甚だしき為との理由」を主張し、当分の間は提携方法の確立を保留にすることになったとの史料もあることからすると（『史料集・続』五五三頁）、張志弼は具体的な内容に乏しい連帯の提案に対して、あらためて反対の意思を明らかにして覆した可能性がなくはない。

朝鮮の警察史料によると、大会三日目に来賓《らいひん》としての徳永が「天皇陛下は一視同仁と仰《おお》せられたのであります」「水平社員と衡平社員とが互に握手して、共に日本帝国の国勢を四海に発揮する様に努力されんことを御願いします」との、日本の植民地支配に対する無批判的な祝辞を述べた。しかし新幹会の白己満《ペクギマン》と権泰彙《クォンテヒ》から疑問が呈され、徳永は「先刻私の祝辞中、失言あつたことは申訳ありません、謝罪致します」（『史料集』二三八頁）と陳謝に追い込まれた。また大会には、全水本部、静岡県水平社本部と浜松水平社解放連盟の連名、全水解放連盟や全水関東連合会などの連名による祝文と祝辞が寄せられ、東京水平社の深川武、愛知県水平社の生駒長一《いこまちょういち》、広島県水平社の原口幸一らが参加して祝辞文を手渡したという(『史料集』二四九・二五一〜二五二・二五五〜二五六頁)。

水平社による「連帯」議案の挫折

衡平社が水平社と提携する議案の可決を見届けて帰国した徳永参二は、朝鮮の裁判史料によると、五月二六〜二七日に予定されていた全水第七回大会への出席を強く要望する手紙を五月一三日と二一日の二回にわたって衡平社本部に送った(『史料集・続』五一六〜五一七頁)。そして中央委員会議長の松本治一郎、中央委員の阪本清一郎、理事の泉野利喜蔵ら社会民主主義勢力が主導して、全水第七回大会が五月二六〜二七日に京都市で開かれた。この大会は全体的に官憲の弾圧が苛酷《かこく》を極め、衡平社を代表して李東煥が祝詞を述べたが(『水平新聞』第二五号、一九二八年八月一〇日)、朝鮮の裁判史料によると中止を命じられただけでなく、三日間にわたって検束されたという(『史料集・続』五三八頁)。

二日目の二七日には、中央委員である徳永が委員長を務める愛媛県水平社から、「朝鮮衡平社提携の件」という議案が提案される予定であった。その提案理由は、「日本の属国朝鮮にも、我々と同等に差別待遇されてゐる衡平社の大衆が凡《あらゆ》る自由を剝奪《はくだつ》され乍《なが》ら、勇敢に執拗《しつよう》に闘つてゐる」「我々が差別と迫害の奴隷の鉄鎖《てつさ》を断ち切らんとするならば、衡平社と確《し》つかり手を握り合ひ、等しく同一の敵――断末期に於ける自己の現状と、地位を蹂躙《じゆうりん》せんために、差別を奨励し、弾圧をもって威嚇《いかく》に狂奔《きようほん》しつゝ、ある日本ブルジョアジー――に抗争しなければならぬ」「先づ我々と最も等しい差別と迫害を蒙《こうむ》り、而《しか》して日本ブルジョアジの支配下にある朝鮮衡平社との強固な提携がなくては、完全な解放があり得ないのであろふ」（全国水平社本部『第七回全国水平社大会議案綴』、大阪人権博物館所蔵）と説明された。

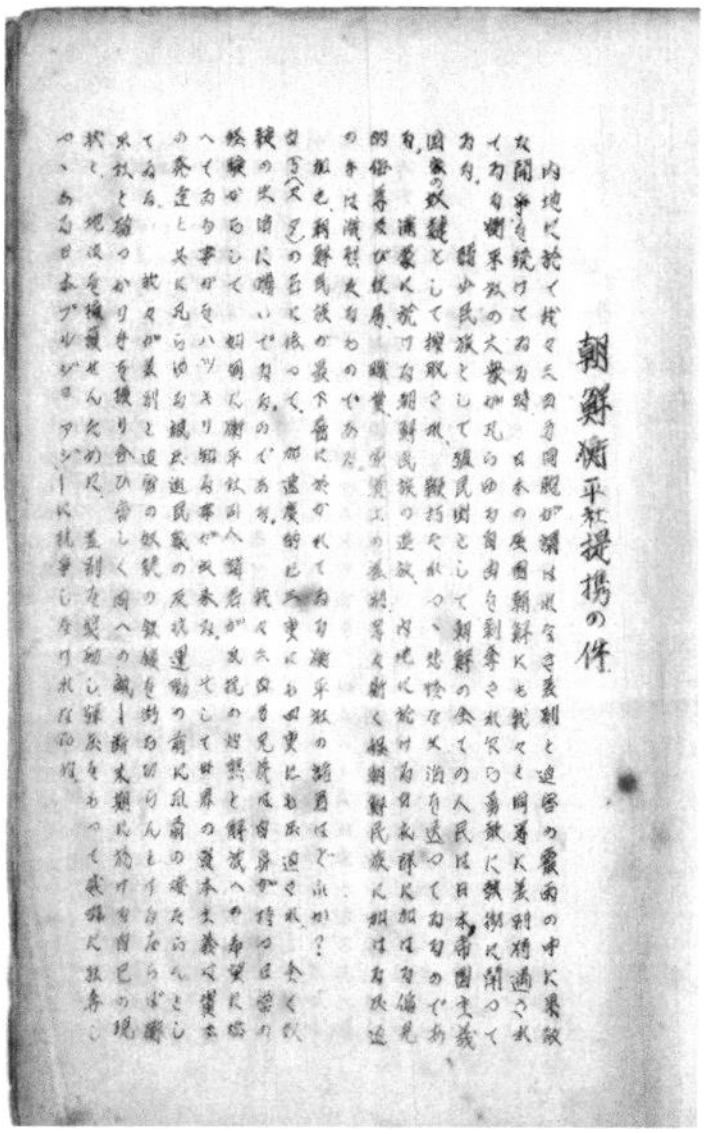
朝鮮衡平社提携の件

全国水平社第７回大会議案（原文）

朝鮮衡平社提携の件
[redacted]

墨ぬりされた全国水平社第７回大会議案

この提案理由を前提とした「具体的方針」として、「一、朝鮮衡平社へ代表派遣／二、衡平社との緊密なる共同闘争を図るために代表者会議の開催／三、大会の名を以てメッセージ発表」との三点があげられた。すなわち全水が従来の連絡を軸とした交流から、「差別と迫害」を克服するために、「共同闘争を図るために代表者会議の開催」という海峡を越えた連帯への発展を具体的に志向したことは、きわめて重要な意義を持つ内容であった。

しかし実際に大会で配布された議案書では、表題の「朝鮮衡平社提携の件」と「具体的方針／一、朝鮮衡平社へ代表派遣」の他は植民地の独立運動を扇動するという理由で官憲によって墨塗りで抹消されたため（全国水平社本部『第七回全国水平社大会議案綴』、水平社博物館所蔵)、その内容を全水に結集する多くの部落民は知ることができなかった。官憲にとっては、日本の朝鮮に対する植民地支配は日本自身の存立基盤にかかわる重要的事項であったので、植民地支配を批判して衡平社と水平社の連帯によって対抗しようとする文章を検閲によって抹消したのは、当然の成りゆきであった。

そもそも検閲の被害を身に染みて体験していたはずの全水は、直接的に植民地支配を批判する文言を避けるなど、用語や表現については慎重であるべきであった。また全水は水平運動と衡平運動における到達点の相違を考慮せず、植民地支配と密接に関係する「日本ブルジヨアジ」との直接的な抗争に力点を置いていたため、差別糺弾をはじめとした「共同闘争」の方法などについての柔軟な発想に欠けていた。

しかも二七日の大会冒頭に、強硬な無政府主義者である京都府水平社の梅谷新之助が大会を妨害したため、臨検の警察官から大会の解散を命じられ、「朝鮮衡平社提携の件」を含む多くの議案は提案さえも叶《かな》わず審議未了になり、最終的には挫折に終わってしまった。しかし徳永が執筆したと思われる「朝鮮衡平社提携の件」は、衡平社第六回大会での徳永による日本の植民地支配に対する無批判的な祝辞の問題点を克服しようとしたものであると同時に、衡平社との連帯に対する全水としての認識の到達点を示すものであった。

交流の継続

全水第七回大会で「朝鮮衡平社提携の件」が挫折したものの、水平社の側では一九三〇年一一月から中央常任委員となる北原泰作が「稲葉敬」の名で、「朝鮮衡平運動の素描」を福岡県社会事業協会機関誌『共栄』第三巻第一〇号（一九三〇年一〇月）に載せたように、衡平社に対する関心が消失したわけではなかった。また一九三一年六月一〇日に朝鮮の全羅南道で衡平社員に対する差別事件が起こり、これに対して無政府主義勢力から共産主義勢力に転換した全水愛知県連合会名古屋支部が応援し、「水平社と衡平社の提携万歳」（『水平新聞』第一三号、一九三一年一一月二五日）と報じられたことは、実際の具体的な動きとして重要であった。

衡平社の側でも、朝鮮の裁判史料によると一九三二年の機関誌『衡旗』に掲載される予定であった崔錫《チェソク》の「水平運動ノ展望」が、一九三一年一二月一〇日に奈良県桜井町で開かれた全水第一〇回大会で提案されて大激論となった水平社解消論に対して好意的にふれた（『史料集・続』五〇〇頁）。また一九三三年一〇月七日の衡平社拡大委員会では、「水平社同人差別裁判に関する件」が提案され（『東亜日報』一九三三年一〇月九日）、全水において最大の闘いとなった高松結婚差別裁判糾弾闘争に関心を示した。このように一九二九年から水平社と衡平社の間に人的な交流こそ途絶えたものの、一九三四年頃まで、互いの大会に祝文や祝電などを送り、儀礼的とはいえ文書による交流が継続されたことが確認できる。

日本の朝鮮に対する植民地支配という苛酷な状況のなかで、一九二四年から一九三四年まで一〇年余りにわたって水平社と衡平社の交流が継続したことは、きわめて大きい意義を有している。必ずしも交流から連帯へと発展しなかったなど、少なからぬ挫折と困難を抱えていたが、水平社と衡平社が交流と連帯をめぐり継続して模索を続けたことは、日本と朝鮮半島との間に刻み込まれた歴史の輝かしい貴重な一齣《ひとこま》と評価することができる。

参考文献

秋定嘉和「朝鮮衡平社運動――日本の水平社運動と関連して」（『部落解放』第五二号、一九七四年三月、秋定嘉和『近代と被差別部落』解放出版社、一九九三年に所収）
朝治武『全国水平社 1922-1942――差別と解放の苦悩』筑摩書房、二〇二二年
池川英勝「朝鮮衡平運動の展開過程とその歴史的性格」（西順蔵・小島晋治編『増補 アジアの差別問題』明石書店、一九九三年）
川瀬俊治「北星会の朝鮮衡平運動への連帯とその限界性――機関誌『斥候隊』を中心として」（『部落史研究』第三号〈全国部落史研究会〉、二〇一八年三月）
高淑和『衡平運動』独立記念館韓国独立運動史研究所、二〇〇八年（韓国語）
金仲燮（髙正子訳）『衡平運動――朝鮮の被差別民・白丁 その歴史とたたかい』解放出版社、二〇〇三年
金静美「朝鮮独立・反差別・反天皇制――衡平社と水平社の連帯の基軸はなにか」（『思想』第七八六号〈岩波書店〉、一九八九年一二月）
徐知伶「衡平社と水平社の交流について」（『紀要』第四号〈和歌山人権研究所〉、二〇一三年七月）
八箇亮仁「日朝被差別民の提携模索とその意義と限界――「階級闘争論」の陥穽」（『部落解放研究』第二一二号〈部落解放・人権研究所〉、二〇二〇年三月）
水野直樹「朝鮮衡平運動の展開と水平社」（朝治武・黒川みどり・内田龍史編『戦時・戦後の部落問題』〈講座 近現代日本と部落問題 第二巻〉、解放出版社、二〇二二年）

コラム●水平社を訪ねた衡平運動活動家

八箇亮仁

最初の訪問者金慶三

一九二二年に創立された全国水平社（以下、全水）と翌年に創立総会を開催した衡平社《ヒョンピョンサ》が当初から交流を志向していたことはよく知られている。そこで水平社を訪ねた五人の衡平運動活動家を紹介してみよう。

最初の訪問者は、一九二四年九月、慶尚北道大邱《テグ》の皮革商金慶三《キムキョンサム》で、彼は、姜相鎬《カンサンホ》・張志弼《チャンチピル》らと並ぶ衡平社創立期中心メンバーの一人であり、衡平社大邱支社長であった。彼は衡平社が創立される前年、「白丁《ペクチョン》」子女が学校に入れるよう総督府に嘆願したことがあり、また、京城への本部移転を求める張志弼らと、引き続き晋州《チンジュ》に拠点を置くことを主張する姜相鎬らの仲介にあたった人物であった。

彼の水平社訪問は、弟の内地留学の付き添いという名目であったが（『大阪朝日新聞』朝鮮版、一九二四年一〇月一〇日）、実質的には衡平社を代表しての訪日であった。彼は渡日前の八月に開催された衡平社統一大会で臨時議長に選ばれており、遠島哲男《とおじまてつお》の『同和通信』は「全鮮各地より出席せる代表者八十名の代表資格を審査し臨時議長に大邱金慶三氏を推し」（『史料集・続』三七九頁）と報じている。衡平社は創立翌年に分裂状況となり、米田富や平野小剣ら社会民主主義系・アナキズム系全水活動家がその統一に関与しようとしていたので、金慶三の渡日は彼らとの交流を念頭に置いたものであったといえよう。

金慶三のこのような積極的姿勢は日本滞在中の言動にも見られ、九月二五日、徳川家達《いえさと》暗殺未遂事件で獄死した松本源太郎の通夜に参加しているし、一〇月五日の群馬県水平社大会でも「人間礼讃差別徹《（撤）》廃を高唱して朝鮮衡平社執行委員金慶三氏が熱烈な融和に関する」演説をおこなっていた（『史料集・続』四一八頁）。ただ、遠島哲男とも接触していたことから、遠島スパイ事件の際、遠島と密約を交わしていたとの疑いをかけられた。

水平運動と交流を深めたものの、提携問題についての金慶三の結論は、衡平運動が運動面で劣っており、「衡〔衡平社〕、水平社統一は尚早」（『大阪朝日新聞』朝鮮版、一九二四年一〇月三一日）というものであった。金慶三は人間主義の立場に立って、その後も大邱における衡平運動の中心的役割を果たした。

訪問者が集中した一九二七〜二八年

金慶三の訪日から三年後の一九二七年の三月末と四月末に、のちにねつ造された「衡平青年前衛同盟事件」で検挙される李東煥《イトンファン》（李同安《イトンアン》）、朴好君《パクホグン》・吉漢東《キルハンドン》が、一二月には全水第六回大会（広島市）に参加するため金三奉《キムサンボン》が水平社を訪れている。そして翌一九二八年五月、全水第七回大会（京都市）に李東煥が再渡日している。彼らの訪問も、水平運動との交流・連携を模索するものであったが、金慶三のように人間主義的差別撤廃姿勢にもとづく交流模索の立場から、階級闘争的視点を導入した交流・連携へと変化する過程を示しているように思われる。金三奉は前者に属する有力者の一人と考えられるが、衡平社第五回大会後、松本清にともなわれて渡日した朴好君・吉漢東は後者を志向する若手活動家であり、衡平李東煥は両者の長所を生かそうと模索する活動家であったといえよう。

金三奉は、一九二六年四月の大会で中央執行委員に選ばれ衡平社の中心的活動家となり、張志弼に同行して水平社を訪問することが承認されていた。同年末に発覚した高麗革命党事件で張志弼が検束された際も無傷で、しかものちに張志弼らとともに衡平忠南産業株式会社を構想していたことが批判されており、階級闘争的立場とは距離をおいていたと見られる（『史料集・続』四七七頁）。金三奉の全水第六回大会への参加は、当初の予定からほぼ一年遅れで実現した訪問であったが、「朝鮮に於ける被差別階級の悲惨な内情を片語《かたこと》交りに大衆に訴え」たとされる（『史料集・続』四二六頁）。

菱野貞次と李東煥（右）

これに対し、李東煥や朴好君・吉漢東らの水平社訪問は、官憲のその後の衡平社対策や水・衡提携の歴史的意義の検討に関連する重要な出来事であった。

李東煥は一九〇二年、全羅南道康津《カンジン》郡の貧困家庭に生まれ、一九二五年に衡平社全羅北道群山《クンサン》分社書記となってから頭角を現し、一九二七年一月頃、京城の本部へ活動の場を移したばかりの活動家であった。したがって同年三月末の水平社訪問は、高麗革命党事件で実現しなかった張志弼・金三奉渡日に代わる偶然ともいえるものであったが、一九二四年に七カ月ほど香川県高松市で働いたことがあり、日本語がある程度できたと思われる。彼は大阪、四国、京都の水平社を訪問し、菱野貞次、徳永参二、高丸義男らの活動家と交流し、朝鮮に帰った後の衡平社第五回大会では、日本の水平社が右派・共産主義派・無政府主義派の三派に分かれているとし（『史料集・続』五五六頁）、提携は時期尚早と報告している（『史料集』一一九頁）。彼は階級闘争的視点に理解を示しつつも、人権を重視する衡平社の現状を是としたのであろう。彼は、水平社との提携を決議した一九二八年四月の衡平社第六回大会の後、五月下旬に再び渡日し、全水第七回大会の前日、京都東七条で初対面の松本治一郎に挨拶を交わしている（『史料集・続』五七一頁）。そして翌二六日の大会に出席し、提携について具体的に協議をしようとしたが、大会が混乱のうちに解散されたため、目的を達することができなかった。

一九二七年四月末、李東煥に続いて水平社を訪れた朴好君・吉漢東は、衡平社第五回大会に参加した松本清にともなわれて渡日したのであるが、彼らが学ぼうとした京都の水平社夜学は開設されておらず、吉漢東は約二カ月後に帰国し、朴好君も東京に移ったため、水平社から闘いの進め方などを学ぶことにはならなかった。朴好君が東京で交流したのは早稲田関係の教育機関で学ぶ活動家の金正洙《キムチョンス》、李《イ》鍾律《チョンユル》らであった。一九二五年に衡平学友会を組織した朴好君はその頃から社会主義思想を抱く李鐘律と面識があったのである。

朴好君は一年後の一九二八年四月、朝鮮に帰り、衡平社第六回大会では中央執行委員に選ばれた。朴好君・吉漢東らはその後も李鍾律と関係を深め、衡平運動を社会主義運動として展開しようとした。吉漢東は、一九三一年四月、李鍾律の助けを得て、吉秋光の名前で『中外日報』に衡平社解消論を発表したことが知られている。

水平社訪問と提携可決のもたらしたもの

衡平社員の水平社訪問や提携可決が、一九三三年に発生した架空の「衡平青年前衛同盟事件」に影響したかどうかは気になるところである。その際秘密結社結成が一九二九年の衡平社第七回大会前の四月二〇日と想定されたことに注目すべきであろう。結成は提携が可決された衡平社第六回大会の翌年とされており、しかも衡平社第七回大会に中央執行委員として登場する李東煥・朴好君・吉漢東の三名が当日結成に参加した六名中に含まれ、事件に連座した李鍾律を含む残り八名はすべて李東煥か朴好君の誘いで加入したとされている。とすれば、この事件が水平社を訪問した活動家たちと関連づけられた側面は否定できないであろう。

衡平社と水平社の提携可決の背景に衡平社の若手活動家が日本の水平社と接触をしたことがあったとすれば、衡平社内に解消論が登場し、日本でも水平社解消論議が始まったことは、植民地警察当局が彼ら活動家たちにいっそう警戒の眼を向ける理由となったのではないだろうか。衡平社・水平社の解消が論議されたのと併行して「衡平青年前衛同盟事件」がねつ造され、李東煥、朴好君、吉漢東ら水平社を訪問した活動家が検挙・起訴された。彼らは水平運動の影響を受けて非合法活動に入ったと疑われ、警察当局による厳しい取り調べを受けたのである。

参考文献

徐知伶「植民地期朝鮮における衡平運動の研究――日本の水平運動の視点から」（二〇一〇年度桃山学院大学博士論文）

コラム● 衡平社を訪ねた水平運動活動家

竹森健二郎

水平社と衡平社の連携

一九二四年三月の全国水平社第三回大会において衡平社《ヒョンピョンサ》との提携について群馬県水平社から「朝鮮の衡平運動と連絡を図るの件」が提案された。提案理由は「朝鮮には被差別階級たる白丁がをる、彼等は一般の朝鮮人から差別の待遇を受けてをる、彼等は衡平社を組織したのである、衡平社の綱領は水平社の綱領と似てをる、我々は衡平社と連絡をとりたいのである」というものであった。これに対して、平野小剣は「朝鮮衡平社から東京朝鮮労働同盟の金氏を通じて水平社に厚意を寄せた」との賛成意見を述べ、提案は賛成多数で可決された。これを受け全国水平社（以下、全水）は、衡平社第二回大会に「吾等は所謂精神的奴隷性の領域を突破せんとする人類の旗持として、選ばれたる民であることの悦びを共にして、進軍しやう」といった祝辞を送り、この祝辞に対して衡平社側からは「水平社同人諸君、我々は国境を超越し、世界同胞主義に立脚して、我々の理想社会を建設しようではないか」との謝辞が寄せられ、お互いに交流連携の意志を表した（『水平新聞』第一号、一九二四年六月一二日）。

水平社と衡平社との連携はここから始まった。以下、衡平社を訪れた水平社活動家の行動と発言を簡単に見ていくことにしよう。

猪原久重《いはらひさしげ》（一九〇四～一九五一）

一九二四年四月二五日、衡平社革新同盟（委員長・張志弼《チャンチピル》）主催の衡平社創立一週《ママ》年紀念祝賀式が京城慶雲洞《キョンウン》の天道教堂で開催された。祝賀式には、水平社の猪原久重が出席し所感を述べた。水平社から初めて衡平社の催しに参加した活動家であった。猪原は大分県出身で立命館大学経営学科生。二一歳で水平運動に参加し、紀念祝賀式に出席した当時は京城府壽町に寄留しており、そのため全水からの依頼で参加したようで、「日本の白丁」と紹介された（『史料集』一五一頁）。また衡平社大会出席の後も、張志弼のもとで衡平運動に「助勢」したという（吉井浩存「衡平運動を訪ねて」『自由』第一巻第二号、一九二四年九月＝『史料集・続』三八四頁）。

大会では、猪原は委員長の張志弼から「唯今から猪原君の所感を承る事としました、此方は日本の白丁で、今日始めて来て所感を述べると申されたのです、御静聴を願います」との紹介があり、猪原は登壇して、全国水平社が創立されたことやその綱領を紹介したうえで、「永いあいだ虐げられたる六千部落の三百万同胞の先頭に立つ水平社の屈することなき堅持奮闘を祈ると共に、日本水平社、朝鮮衡平社が倶〳〵《ともども》に提携して、光輝ある此の運動のため徹底に実行されんことを願います」（『史料集』一五一～一五二頁）と、水平社と衡平社の提携を希望する演説をおこなった。

平野小剣（一八九一～一九四〇）

遠島スパイ事件により全水を除名されていた平野小剣は一九二六年六月二九日に訪朝し、七月二日に「朝鮮衡平社中央總本部」と看板が掲げられた本部事務所を訪れた。平野は、衡平社第三回大会に祝電を送るなど、訪朝以前より衡平運動に強い関心を示していた。

このときの平野の訪朝は、朝鮮の新聞に「水平社と衡平社提携のために関東青年聯盟の平野氏重大な使命を帯びて来る」と報道されていたという。本部には、常務執行委員呉成煥《オソンファン》や任允宰《イムユンジェ》、衡平社青年連盟の金東俊《キムドンジュン》がおり、「名刺を出すと、いきなり、握手をもつて答へられ」た。四人はしばらくの間「テーブルを囲んで、殆んど十年も二十年も別れてゐた親しき友のように」歓談した。なお、このときの平野の衡平社訪問は、「朝鮮衡平社を訪ねて——鮮満旅行記の一節」（『同愛』第三七号、一九二六年九月＝『史料集・続』三九三〜三九六頁）として報告された。また平野は、この訪朝記以外にも「朝鮮衡平運動の概観」（『人類愛』第二輯、全関東水平社青年聯盟本部、一九二七年五月）を執筆している。

張志弼（右）と高丸義男（中央）（『朝鮮日報』1926 年 1 月 10 日）

高丸義男（生没年不明）

一九二七年一月には、全四国水平社二代目執行委員長高丸義男が衡平社を訪れた。高丸は、一九二四年愛媛県水平社執行委員長となり、徳永参二の後を継いで全四国水平社の執行委員長を二八年まで務めた人物であった。高丸は常務執行委員李東煥《イトンファン》（李同安《イトンアン》）と会見し、水平運動と衡平運動の提携を協議した（内務省警保局「昭和二年中ニ於ケル水平運動ノ状況」）。李東煥の供述によれば、高丸は衡平社の視察提携を主要な任務として朝鮮に一週間ほど滞在した（『史料集・続』五五三頁）。その後、全水は高丸名義で衡平社に代表者派遣の要請を発し、執行委員李東煥が日本に派遣された。李東煥は、一九二七年三月下旬に訪日し、全水本部で中央執行委員会に出席した。その後京都・大阪・香川の各地水平社を視察した後、約二週間後に朝鮮に帰った（『史料集・続』五五二頁以下）。

松本清（生没年不明）

一九二七年四月二五日、衡平社創立四周年記念祝賀会が開かれ、来賓《らいひん》として福岡県水平社同人松本清が出席し演説したが、半ばにして官憲より中止を命ぜられた（平野小剣「朝鮮衡平運動の概観」＝『史料集・続』四〇二頁）。発言は「徳川家の横暴を話している途中」であった。松本清は、兄松本吉之助とともに全九州水平社創立以来の活動家である。

李東煥の訊問《じんもん》調書によると、この大会出席の際松本は「九州水平社連合会執行委員深川某から私（李東煥）宛の紹介状を持つて」きており、「発禁左翼刊行物パンフレツト及全国水平社左翼運動のスローガン其他」も持参していたという。松本は、李東煥や李先同《イソンドン》と意見交換をおこない、「三百万の水平社員と四十万の衡平社員が一団となつて左翼運動の基礎をしつかり造り上げて、何時でも革命を巻き起す準備が出来（中略）目的の貫徹を期する事が出来る」といったことなどを話した（『史料集・続』五六三～五六五頁）。

日本に帰る際には、朴好君《パクホグン》と吉漢東《キルハンドン》を同行した。朴好君と吉漢東は若手の活動家として、衡平運動強化を目的として水平運動に学ぶため渡日したが、結局得るものがなかったという。

徳永参二（一八八三〜一九三五）

一九二八年に開催された衡平社第六回大会には、日本より徳永参二が参加し、「水平社の情勢報告」と題し「水平社が何故提携望むか、其効果は内部の組織が完備すると同時に、外部の力が偉大となり解放の力が拡大するからである」（『史料集』二四七頁）と、水平社と衡平社の提携・連携を促す挨拶をした。しかしこれに対する衡平社大会代議員の意見は「時期尚早説、保留説、非提携説、提携説」とさまざまあり、「長時間討議の結果五十八票対十二票にて提携に可決」（『史料集』二三七頁）した。このように、衡平社内部においては水平社との連携については一枚岩でなかった。徳永は香具師《やし》を業としながら、一九二四年、愛媛県水平社執行委員長に就任し、全四国水平社の委員長も兼任した。香具師を業としたせいか、大衆を魅了する弁舌だったという。

三日目の六周年紀念式における徳永の祝辞は「（前略）天皇陛下は一視同仁と仰《おお》せられたのであります、夫《そ》れに拘《かかわ》らず吾等がこんなに差別を受けるのは、其間に或者等の策術の為めであります、水平社員と衡平社員とが、互に握手して共に日本帝国の国勢を四海に発揮する様に努力されんことを御願いします云々」と、日本の植民地支配にまったく無自覚な発言をしたため、来賓の白己満《ペクギマン》・権泰彙《クオンテヒ》（新幹会）から「衡平社と水平社と握手し、日本帝国を四海に発揮する云々の理由は那辺《なへん》にあるや答弁を求む」と質問があったが、臨席警官の「一般に対し悪影響を及ぼす」との判断により中止を命じられた。閉会時に再度徳永は登壇し「先刻私の祝辞中、失言あつたことは申訳ありません、謝罪致します」と、謝罪したうえで水平社について「水平社は此の資本、帝国主義の大日本帝国々家に対して」と発言したところで、警官より「不穏の言動」と認められ、中止を命じられた（『史料集』二三八頁）。

日本の植民地支配を意に介さないかのような徳永のこの発言は、当然のことながら朝鮮の活動家からの反発を招いた。衡平社と水平社の連携提携にとって、植民地主義的な意識をどのように克服していくのかが、避けることのできない課題であることを示すものであった。

以上の五名のほか、一九二四年一〇月七日には、山口県下関水平社執行委員長の下田新一、『関門水平新聞』発行人の金重誠治、記者の清水らが衡平社本部を訪問したことが知られる（『東亜日報』一九二四年一〇月一〇日）。また、一九二八年か翌一九二九年の衡平社定期大会と紀念祝賀会に東京の深川武、名古屋の生駒町吉《（長一）》、福岡県の小田、広島県北水平社執行委員長の原口幸一が参席して祝辞文を手交しているが、詳細は不明である。

参考文献

朝治武『差別と反逆——平野小剣の生涯』筑摩書房、二〇一三年
四国部落史研究協議会編『四国の水平運動』解放出版社、二〇二二年
吉田文茂「衡平社大会に参加した猪原久重」（『衡平社国際学術大会報告』二〇一五年）

衡平運動と植民地権力

水野直樹

衡平運動が展開されたのは、日本が朝鮮半島を植民地として支配していた時期だった。したがって、衡平運動の展開のありようを考えようとするなら、植民地支配の問題を無視することはできない。衡平運動に対して植民地権力（とりわけ警察の元締めである朝鮮総督府警務局）がどのように認識し、どのように対応したかを検討する必要がある。一方で、衡平運動の側にとっても植民地権力に対してどのような態度で臨むのかという問題があった。この両面から植民地支配と衡平運動の関係がどのようなものであったかを考えてみよう。

ここで注意しておきたいのは、植民地朝鮮における各種の大衆運動・社会運動のなかでも衡平運動は独自の性格を持つものであったことである。衡平運動は、当時の朝鮮において社会運動の一部としてとらえられていた。総督府警務局が作成していた治安状況に関する報告書などにおいて、衡平運動は、労働運動・農民運動・青年運動・女性運動、さらには社会主義・共産主義運動や朝鮮独立運動などと並んでその動向が記述されている。衡平運動をはじめとするこれらの運動は自らの団結を図るとともに社会に向かって自らの主張を訴え、それを力として社会の変革を図ろうとした点で、確かに社会運動といえるものであった。

しかし、衡平運動は他の社会運動と異なる性格を持つ運動だったことも見落とすべきでない。被差別民「白丁《ペクチョン》」（以下、白丁）が差別を克服し、平等を求めるだけではなく、特定の生業を持つ白丁の生活を維持・向上させることを運動の大きな目標としており、そのためには植民地権力と何らかの形で交渉しなければならなかったからである。端的にいえば、同業組合という性格をも帯びた運動であった。この点を念頭に置いて、衡平運動と植民地権力との関係を概観することとする。

衡平社創立に対する植民地権力の認識

衡平社《ヒョンピョンサ》が創立され、衡平運動が展開され始めたことについて、朝鮮総督府などの植民地権力がどのように認識したかを明確に示す史料は、あまり多くない。まず、当局者の談話を報じた新聞記事を通じて、衡平社創立に対する認識を考えてみよう。

『毎日申報』（一九二三年五月二日）は、朝鮮ではすでに平等が実現されているので、平等を求める運動は不必要だとする「総督府某大官」の談話を掲載している（『史料集・続』一二四頁）。このような見解は一定の広がりを持っていたと思われるが、総督府の日本人官僚らは、日本で水平運動が展開されていることを知っていたため、朝鮮で同じような運動が起こるのも当然と受け止めたようである。

同じ日の『京城日報』の記事「衡平社運動／を警務当局は何《ど》う見る」（『史料集・続』一二一頁）は、当局者の話として「晋州《チンジュ》に起つた衡平社は現今七十余名が糾合して、階級打破、差別撤廃を企画して居るのであるが其主旨等も只今の所至極平和な団体なもの《(ママ)》らしい、実際社会問題として研究の価値もあり且興味ある問題である」という認識を伝えている。衡平運動を平等を求める運動としてとらえているといえる。さらに、この当局者は「兎に角今暫《しば》らく彼等の行動を観て居る積りである、そして若《も》し其運動の為め過激な行動に出づる様であれば相当の措置に出でねばならぬが現在の処では別段取締る程の事でもあるまいと思ふ」と述べて、衡平社を取り締まるのではなくその動向を見守るという考えを表明している。

『大阪毎日新聞』一九二三年五月六日夕刊の「朝鮮人の内部に渦巻き起った衡平運動／侮蔑と圧迫から／目覚めた白丁階級」は、白丁が受けてきた差別の歴史や白丁の生業について簡単に紹介して、平等を求める運動の正当性を強調する記事だが、総督府の有吉政務総監が「手段が合法的に行はれる間は高圧手段は執《と》らぬ」と述べていると伝えた。

さらに創立から一年後の一九二四年四月の衡平社大会に際して、四月一六日の『京城日報』は、「衡平社大会／当局は寧《むし》ろ同情／善導的態度」と題する記事を掲載し、「思想的労働的運動と違ひ其地位を水平線迄向上したいと云ふ目的であるから寧ろ同情すべき点あり、別に不穏過激の言動にも出まいから是《これ》に対しては取締と云ふより善導してやると云ふ態度に出て居る」とする警察当局の談話を報じた。

以上のように、創立直後の衡平社に対して植民地権力は、ただちに抑圧的な政策をとるのではなく、平等を求める運動に一定の理解を示すポーズをとりつつその動向を見守るという態度をとった。

当局による白丁・衡平運動の調査

朝鮮総督府は、衡平運動が始まるまで白丁の実状を把握する努力をまったくしていなかった。衡平社創立後、本部が京城に移されるという報道がなされたとき、京畿道警察部は急遽、京城府内の警察署に白丁らの住所、姓名、職業、年齢などを調査するよう命じ、それにもとづいて帳簿をつくり白丁に対する監視をする予定であると伝えられた（『東亜日報』一九二三年六月五日）。このような調査は京城府だけでなく、朝鮮全体でおこなわれたものと思われる。総督府警務局が一九二四年一二月に作成した『朝鮮治安状況』（『史料集』一〇〇頁以下）に衡平運動に関する記述があり、運動の経過だけでなく、朝鮮全体の「白丁分布及職業調」「白丁資産調」「白丁ノ教育調」という統計表も掲載されているからである。

警務局は同じ一九二四年に「衡平運動ノ概況」と題する文書を作成した。朝鮮史研究者今西龍（総督府古蹟調査委員、一九二六年から京城帝国大学教授）が総督府からこの文書を受け取ったことがわかっているが（原三七編『今西博士蒐集　朝鮮関係文献目録』書籍文物流通会、一九六一年）、現在は所在不明となっている。また、総督府中枢院調査課嘱託の洪奭鉉《ホンソキョン》が作成した『朝鮮白丁調査録』（朝鮮総督府中枢院調査、一九二五年六月＝『史料集・続』に抜粋収録、四四〇〜四四五頁）には「白丁ノ分布　附生活状態」に関する記述があるが、それは「衡平運動ノ概況」の一部だったと思われる。

以上のように、警務局は、白丁の生活状況などを調査し、衡平運動の動向を把握する必要があると考えていたが、衡平運動の行方をどのように認識していたかは、明らかでない。

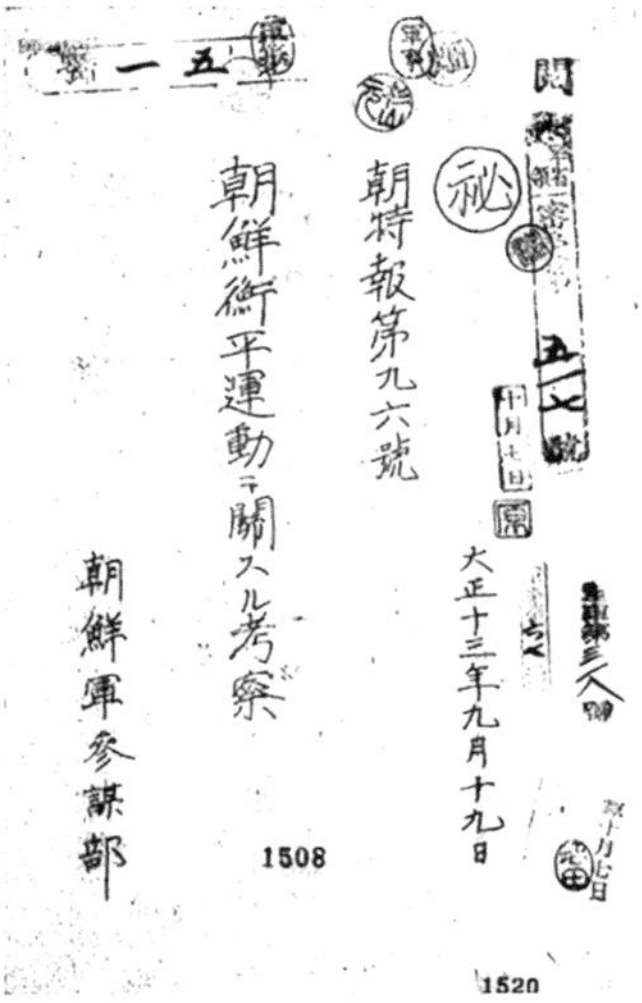
朝特報第九六號

朝鮮衡平運動ニ關スル考察

朝鮮軍参謀部

大正十三年九月十九日

1508

1520

朝鮮軍参謀部「朝鮮衡平運動ニ関スル考察」表紙（1924年）

一方、総督府警務局とは別に朝鮮軍参謀部が衡平運動について調査研究し、一九二四年に「朝鮮衡平運動ニ関スル考察」と題する文書を作成した（『史料集』九六～一〇〇頁）。この文書では、衡平運動の過去および現在、衡平運動と日本の水平運動との関係、衡平運動と労農運動との関係、衡平運動と朝鮮独立運動との関係、衡平運動の将来などの項目について記述されている。

このうち、水平運動との関係については、衡平運動も水平運動もそれぞれの民族にかかわる問題に関心を持つようになるため、両者が手を結ぶ可能性は小さいとしている。

労農運動との関係については、労農運動が資本家に対立する階級解放運動であるのに対し、衡平運動は精神的感情的差別からの解放を求める運動であるので、一致共同し得るものではないとする。

朝鮮独立運動との関係については、「衡平運動は少なくも現在に於ては朝鮮民族に対する分裂を意味し甚しく結束を妨碍《ぼうがい》する所」があるとしながら、「衡平運動は朝鮮独立運動と終局に於て提携握手すべき可能性を有す」という展望も示している。

結局、日本の立場からは、「現在に於ける之《これ》等衡平社同人の運動は尚未だ鮮人間に於ける相互争闘の域より脱せざるを以て日本及日本人の朝鮮人に対する立場より見て寧《むし》ろ喜ぶべく毫《ごう》も悲観に値せざるを知る」という認識を記している。

朝鮮軍参謀部のこの文書は、衡平運動が朝鮮独立運動と提携する可能性があるとしながら、水平運動や朝鮮の労農運動とは手を結ぶ可能性はあまりにないと評価したうえで、衡平運動が朝鮮人間の内部対立をもたらすものであるだけに日本の立場からは「喜ぶべき」ものと見なしたのである。

このような認識からは、衡平運動は取り締まるべきものではなく、放任し、場合によっては奨励すべきものとなる。当時、衡平運動の状況を視察したジャーナリスト吉井浩存《ひろあり》は、雑誌『植民』一九二四年一〇月号に執筆した「朝鮮文化政治の悲哀」で、日本の水平運動が官憲の厳しい監視を受けているのに比べて、衡平運動には抑圧の手は伸びていないとし、「官憲の眼に映じた衡平運動は常民《サン》と白丁との紛争である、鮮人同志《(ママ)》の噛《か》み合《あい》は治安の便宜にこそなれ、妨げにならぬ、之《これ》傍観拱手《きょうしゅ》する所以である」と観測していた。

このような見方が正しいかどうかは慎重に検討すべきであるが、初期段階の衡平運動に対して植民地権力が、その力量への低い評価ともあいまって、厳しく取り締まるべき対象と見ていなかったことは確かであろう。

醴泉事件の影響

しかし、一九二五年を画期として衡平運動に対する植民地権力の認識は大きく変化する。それをもたらしたのは、同年八月に慶尚北道醴泉《イェチョン》郡で起こった反衡平運動事件とそれをきっかけとする衡平社と社会運動との連携の動きであった。

同年五月には、日本の帝国議会で成立した治安維持法が勅令によって朝鮮にも施行され、社会主義革命を図る運動のみならず朝鮮独立をめざす運動も厳しく取り締まられることとなり、それまで合法的な活動も可能だった各種の社会運動団体にも監視・抑圧が及ぶようになった。それにともなって植民地権力は衡平運動に対しても厳しい目を向け始めたといってよい。

そこに起こったのが、非白丁の農民らが暴力的に衡平運動を攻撃した醴泉事件であり、それに対抗しようとした衡平社や社会運動団体の動きであった。衡平運動に対する反発から生じる衝突や襲撃の事件は他の地域でも起こっていたが、醴泉事件に関しては多くの社会運動団体がこれに反応して衡平社を応援する姿勢を示したことが注目を集めた。醴泉事件が起こったとき、衡平社総本部から張志弼《チャンチピル》、李東求《イトングゥ》が派遣されていたほか、近隣の安東《アンドン》郡などからも社会運動団体が代表を送っていた。彼らの現地報告を受けて、京城では衡平社が報告会を開き、各社会運動団体が対策会議を開催する動きを示した。これに対して、警察当局は報告会の開催を禁じたり、各地方への檄《げき》文送付を禁止したりするなどの措置をとった。警察当局が神経を尖《とが》らせたのは、衡平運動が社会運動と連携を深めて、大衆運動に発展することを恐れたからである。

醴泉事件が起こる四カ月前に開かれた衡平社全国大会では、社会問題に関する議案として「労農、青年、思想運動、宗教などの件」があげられていたが、警察は「直接衡平社に関係無き事項」であるとしてこれらを削除させていた。警察当局は衡平運動が他の社会運動や日本の水平運動と連携をとって活動を展開することを警戒していたが、衡平社そのものの実力はたいしたものではないととらえていた。

しかし、醴泉事件をきっかけに衡平運動が社会運動団体の援助を受けて大衆的な活動をおこなう可能性があると見て、取り締まりの姿勢を強めることになった。総督府警務局高等警察課長田中武雄は、朝鮮語雑誌『新民』一九二五年九月号に寄せた談話で、衡平運動の「要求が正当であり、その立場には大いに同情すべきである」としながら、それが「社会主義的運動、あるいは衡平社員自体の地位向上を目的とする以外の運動に関与」する場合は、容赦なく取り締まる方針であると述べている。また、田中は、衡平運動が日本の水平運動にならって差別に対する糾弾闘争をおこなうことに対しても、警告を発した（『史料集・続』三三一〜三三三頁）。

衡平運動監視の強化と高麗革命党事件

醴泉事件の翌年一九二六年四月の衡平社全国大会に対して、当局は監視・警戒を強めた。『京城日報』は四月二一日の記事「衡平社大会／当局重大視する」で、「各地で頻発した普通民対衡平社員の反目敵視から起こった幾多の問題があり今回の大会においては同社員こぞって普通民に対する反感の気勢をあげるらしく（中略）当局は相当事態を重大視し厳重な内査の手をすゝめてゐる」と伝えている。しかし、当局の警戒にもかかわらず、衡平社大会は、社会問題に関する議案として「一般の社会運動団体と密接な連絡を取って運動方向を一致させる」ことを決議したほか、「白丁という侮辱的意志を示す」者は「徹底的に糾弾すること」を決めた（『史料集・続』一九六〜一九七頁）。

衡平運動のこのような動向を受けて、一九二七年に警務局が作成した「治安状況」に関する文書では、衡平社と「思想団体」（社会主義的な運動団体を指す）とが提携を強めているとして、「衡平社員中にも亦《また》左傾分子を見るに至り（中略）当初の目的を超越し団結の力によりて社会組織の革新を企図せむとする傾向に転化」しているとする認識を明らかにしている（『史料集』一一七頁）。

このような警察当局の認識が高麗革命党事件において衡平社の中心人物張志弼らの検挙・起訴を生み出すこととなった。一九二六年末から翌年初めにかけて、「高麗革命党」に加入したとの容疑で衡平社の幹部らが逮捕されたのである。これは、朝鮮独自の宗教である東学の流れを汲《く》む天道教の革新派と満洲に本拠を置く独立運動団体正義府の幹部らが「高麗革命党」を組織して、朝鮮の独立、共産主義社会の実現を図ったとされる治安維持法違反容疑事件であった。醴泉事件の際に衡平社本部から張志弼とともに醴泉に派遣された李東求が高麗革命党に加入し、朝鮮と満洲とを行き来して、衡平社幹部に高麗革命党への加入、衡平社の組織的賛同を促したとして検挙された。そのため衡平社幹部の張志弼、趙貴用《チョクィヨン》、呉成煥《オソンファン》、徐光勲《ソクワンフン》、柳公三《ユコンサム》も検挙・起訴された。

しかし、第一審では張志弼、趙貴用が無罪判決を受け、第二審で徐光勲も無罪となった。衡平社員であると同時に天道教徒でもある李東求、呉成煥、柳公三の三名は有罪判決だったが、結局、裁判所は衡平社が組織的に高麗革命党に加担したとは判断しなかったのである。

植民地権力内部でも、衡平運動への警戒を強めた警察当局と治安維持法の運用を担う司法当局とでは、認識に差があったことが、この事件に表れたと考えられる。衡平社の主要幹部が高麗革命党に加入したとして起訴されたにもかかわらず、衡平社そのものは解散されることがなかった点も見落とすべきではないだろう。日本「内地」では一九二八年に日本共産党の検挙事件が起こると、同党の影響を受けているとして合法団体の労働農民党、日本労働組合評議会、全日本無産青年同盟に解散命令が出されたが、それに比べると、朝鮮の衡平社に対する植民地権力の警戒心はそれほど強いものではなかったのかもしれない。

総督府の「善導」方針

衡平運動善導指示を報じる『毎日申報』（1926 年 7 月 2 日）

植民地支配当局が衡平運動を抑圧の対象としてのみ見ていたのではないことは、一九二六年六月末に開かれた総督府の道知事会議において衡平運動に対する「善導」が指示されたことにも表われている。これは、前年の醴泉事件をきっかけに衡平運動が社会運動との連携を強めようとした動きへの牽制《けんせい》であると同時に、衡平社が警察官らによる白丁差別に関して当局にその取り締まりを求め続けたことへの対応策でもあった。

一九二六年七月二日の『毎日申報』の記事（『史料集・続』二〇〇～二〇二頁）によれば、道知事会議では、衡平運動が思想団体と手を握って「妄動」に出ることを防ぐために、「積極的にその運動を善く指導し世間から賤《せん》遇《ぐう》を受ける白丁に公私とも普通人と同様の地位と機会を認定・付与するよう努力」するとし、民間のみならず官庁においても差別を撤廃することが指示されたという。

ただし、この「善導方針」を具体化する方策は明示されず、実効性のあるものにならなかった。翌日の『毎日申報』論説が、「善導するという根本の方針は、（中略）彼等の思想を穏健化し、手段と方法を合理化させて、ぜひともその向上発達を期せしむることにある」と当局の思惑を説明しているとおりである（『史料集・続』二〇四頁）。日本「内地」における部落改善事業あるいは融和事業のような政策が朝鮮ではまったくとられなかったことを考えると、朝鮮総督府が唱えた「善導」は空文句に過ぎなかったといわねばならない。

衡平社の側では常務委員の呉成煥が、この総督府の方針について、「総督府当局が我ら四〇万の人民に普通人と同様の地位と機会を与えるよう努力施設しようという方針が具体的に決定されたのならば、我らのこの運動がある程度効力を生んだのかもしれませんが、ただ当局のこの態度だけで我らの目的をすべて到達したとは言い難いところです」と、冷静な評価をくだしている（『史料集・続』二〇二頁）。

監視と取り締まりの強化

「善導方針」を掲げたにもかかわらず（あるいは、そうであるがゆえに）、一九二〇年代末から三〇年代初めにかけて、衡平運動に対する当局の監視、警戒はいっそう強まった。それは衡平社全国大会に対する当局の監視、取り締まりが厳しくなったことに示されている。

一九二八年四月の大会では、警察官などによる差別に関する議題が討議禁止とされたほか、「犠牲同志家族後援の件」や「全民族的単一協同戦線、党積極支持の件」「労働農民運動との有機的連絡の件」などの議案も討議を禁止され、会場に掲げられた「不穏標語」の撤去も命じられた（『史料集』

二三四〜二三六頁)。

次いで一九二九年四月の全国大会では、印刷されていた議案が大会開催直前に押収され、運動方針の討議ができなかった。大会に代えて運動方針を議論するために同年一〇月に予定した支部長会議も、開催自体を禁止された(『朝鮮日報』一九二九年四月二五日、一〇月二二日)。

一九三〇年の大会に際しては、衡平社が事前に警察に集会届を提出したのに対して、警察は「社会団体等の関与がないように諭示」したうえ、議案や祝電・祝辞などを事前に検閲し、不都合と見なしたものを発表禁止にした。

このような厳しい検閲と監視は、衡平社が水平社との提携を決議したことが一つの理由であったと考えることもできるが、それ以上に朝鮮社会における独立運動、社会運動の状況を背景としたものであろう。朝鮮共産党およびその再建運動に対する検挙事件が一九二五年以降毎年のように起こっていたほか、一九二九年一一月、全羅南道光州《クァンジュ》で始まった学生らによる独立示威運動は、翌年春まで朝鮮各地で断続的に展開された。また一方では、世界恐慌の影響を受けて労働運動や農民運動も激しく展開される形勢にあった。このような情勢に直面した植民地権力が衡平運動に対しても厳しい眼を向けたのは当然だった。

さらに、一九三一年になると、民族統一戦線団体新幹会の解消論が広がり、民族統一戦線運動の方向を転換して急進的・非合法の労農運動をめざすべきだとする主張がなされるようになった。衡平運動においても、衡平社に加入している屠畜労働者は労働組合を組織し、農民は農民組合に加入すべきだとする衡平社解消論が唱えられるようになった。しかし、衡平社解消論は衡平社員が直面する状況を踏まえて主張されたものでなかった。一九三一年四月の全国大会に提案された解消議案は、衡平社主流派の反対により否決されることになった。

警察当局は、解消論の主張をめぐって衡平社が新旧両派の対立を深めていることを察し、急進的な新派に対する監視を強めたと見られる。それが、中堅・若手の衡平社活動家多数を検挙した「衡平青年前衛同盟事件」につながることになった。

「衡平青年前衛同盟事件」

一九三三年春、全羅南道の光州警察署が光州の衡平社員数名を検挙したことが始まりとなり、朝鮮南部各地の衡平社支部の中心的な活動家一〇〇名余りが逮捕され、取り調べを受けた。検察と予審での取り調べを経て、一四名が治安維持法違反で裁判にかけられた。一九二九年春に「朝鮮の独立及朝鮮に於て私有財産制度を否認し共産主義社会実現を目的とする衡平青年前衛同盟」を組織したというのがその容疑だった。

取り調べは長期に及び、警察・検察のシナリオに沿った供述が強要された。その過程で苛酷な拷問が加えられ、被疑者二名が死亡する事態となった。事件の始まりから予審終結まで約一年半、光州地方法院での第一審での判決言い渡しまでにはほぼ三年が経過していた。判決は、別件で有罪とされた非社員一人を除いて全員無罪というものだった。しかし、検察が控訴したため、一二名が大《テ》邱《グ》覆審法院での第二審を受けることとなった。一九三六年一一月の第二審判決でも、衡平社員は全員無罪の言い渡しを受け、三年半ぶりに釈放された。

この「衡平青年前衛同盟事件」は、光州の警察・検察がねつ造したものであることは明らかだったが、一九三〇年代前半、衡平運動に対する植民地権力の認識を反映するものであったことも疑いない。衡平運動内部で穏健派と急進派の対立があり、急進派は他の社会運動と連携して非合法活動の方向に向かっているという認識であった。

とはいえ、高麗革命党事件と同様に、この事件においても衡平社自体を解散させる措置がとられることはなかった。急進派を除去することができれば、衡平運動は植民地権力にとって有害な存在ではなく、むしろ役に立つものと位置づけられていたからではないだろうか。植民地支配当局と衡平社（および大同社）とのそのような関係は、一九三〇年代後半にも継続する。

植民地権力に対する衡平社側の姿勢

ここで視点を変えて、衡平運動の側が植民地権力に対してどのような姿勢を示していたのかを考えてみよう。

衡平運動の目標は、社会的処遇上での差別の撤廃、平等な地位の確立であり、さらには生業・生活の権利を守り向上させることであった。これらの目標を実現するには、衡平運動の力量を高めて、広く社会に問題を訴えることが必要であったが、それと同時に政治的な支配者である植民地権力に対して要求を提起することも、目標を達成する一つの手段であったと考えられる。とくに白丁が従事する屠畜や食肉販売などの生業に関しては警察が許認可の権限を持っていたため、営業のためには警察当局と交渉し陳情もしなければならなかった。つまり、衡平社にとっては、植民地権力は打倒の対象である以前に交渉の相手として存在していたのである。

衡平社が南北両派の対立・分裂から統一を回復した一九二五年以降、生業・生活にかかわる問題が毎年の大会で討議され、それらの問題を改善・解決するために総督府当局と交渉することが決められている。たとえば、一九二五年の全国大会と中央執行委員会では、屠畜場使用料金の引き下げ、食肉販売価格の当局による制限の撤廃などの課題が議論され、これらに関して当局と交渉することが決められた（『史料集』一七二〜一七三頁）。その後、毎年の大会で同様の決議があげられており、生業・生活問題に対する取り組みが植民地当局に対して要求を提出し交渉するという形をとっていたことがわかる。

また、警察官や官吏、教員などによる白丁差別に関しても、衡平社は差別者を直接糾弾するとともに、総督府当局に対して差別根絶のための対策をとることを求める交渉を繰り返した。

衡平社内部には、当局との交渉を重視する主流派の姿勢を批判して、目標の達成のためには大衆的な運動を展開すべきだという主張もあったが、主流派の見解は変わることがなかった。主流派の中心人物張志弼は、「衡平青年前衛同盟事件」に関連する証人訊問《じんもん》で、「私は官憲に頼って差別撤廃等の目的を貫徹せんとしたるに対し、官憲に頼っても下級官吏は却って衡平社員を圧迫するので其方法は不可なりとする反対の一派」、つまり徐光勲、朴好君《パクホグン》、吉漢東《キルハンドン》の一派が生まれたと陳述している（国史編纂委員会所蔵『衡平社資料（九）』一九三四年四月一九日京城地方法院における張志弼の証人訊問調書）。張の言葉には同事件の被疑者との違いを強調するという面があったが、差別の撤廃や権益の擁護・向上などをめざす活動に関して、衡平社内部に立場の違いが存在していたことを示すものとなっている。

ただし、主流派といえども、植民地支配当局に頼ることだけを考えていたわけではない。白丁差別に対しては衡平運動自体の力によって解決をめざし、場合によっては「糺弾」闘争をおこなうこともあった。当局への陳情や交渉は、問題を解決するための一手段と位置づけられたといえる。

また、地方の警察当局が韓国併合前後の時期から狂犬病予防のための野犬狩りに白丁を動員していたことに反対して、警察の指示を拒否することが衡平社の基本方針となったことも重要である（『史料集・続』四〇一頁）。野犬狩りをおこなう白丁に対して一般民が「野卑・粗暴」というイメージを抱くことになるため、衡平社側は「人間としての尊厳」にかかわる問題として警察の指示を拒否したものであった。衡平運動は植民地権力との関係においても人権の確立、人間の尊厳という基本的立場を堅持していたといえるのである。

大同社に対する植民地権力の認識

一九三五年の大会で衡平社は大同社《テドンサ》に改称し、さらに翌年二月の中央執行委員会で綱領を改めて、「国民精神を発揮す」「階級の協調を図る」などの文句を挿入した。この後、一九四〇年まで大同社の名称で続いた運動に対して、植民地権力はどのような認識を持ち、いかに対応したのだろうか。それを示す史料はあまりないが、知り得る範囲で考えてみよう。

一九三六年に警務局が作成した『最近に於ける朝鮮治安状況』では、大同社は「単に名称を改めたるのみにて格別目新しき目標を有せず、（中略）運動は萎靡《いび》消沈の状況にありたり」と低い評価を下していたが、一九三六年初めに釜山の皮革商李聖順《イソンスン》が委員長に就任すると、「従来闘争主義なりし運動方針を日本主義的、協調的に更め、且私財を投じて各種の事業施設を計画する等熱意ある活動に出で居れるを以て今後の動向注目に値するものあり」として、ふたたび注視の対象と見なすようになった（『史料集』一三六頁）。

同年四月には、李聖順、姜相鎬《カンサンホ》ら大同社幹部が総督府警務局長に面談し、当局による食肉販売統制の撤廃を求めるとともに警察官や官公吏による白丁差別をなくすよう要求した。これに対して警務局長は、食肉販売の統制は廃止できないが、官公吏による差別待遇はなくすようにすると答えた（『史料集・続』二八七～二八八頁）。植民地支配当局に対して要求を出し交渉をするという点で、大同社は衡平社時代の活動方針を受け継いでいたのであり、他方で当局側も大同社との面談を拒否することはなかったのである。

しかし、一九三七年七月、日中戦争が始まり、朝鮮においても戦時体制が急速に構築されていくなかで、大同社と植民地権力との関係も変化を見ることとなった。それがとくに表われているのは、大同社による戦争協力である。大同社で一時主導権を失っていた張志弼らは、日中戦争勃発直後、飛行機を軍に献納するため大同社員から寄付金を集めることを呼びかけ、活動を開始した。「我らも同じ国民である以上、国家的非常時にこのままでいるわけにはいかない」というのがその理由であった。翌一九三八年七月、大同号と名づけられた飛行機が軍に献納された。それとともに、張志弼がふたたび大同社の主導権を掌握することとなった。ただし、大同社の寄付金集めが難航したことから、大同社の力量に対する当局の評価は低いものだった。

軍需物資である皮革の統制が日本「内地」に続いて朝鮮においても実施されると、大同社は、それによって社員が大きな打撃を受けることになるとして統制に反対する運動を起こした。統制が実施されると、食肉業を営む社員が屠牛の副産物として生じる牛皮（原皮）を自由に販売できなくなるため、利益を上げられなくなると考えたからである。大同社は原皮取り引きの権益を守ろうと総督府や朝鮮軍に働きかけたが、当局側は大同社の要求を顧みることはなかった。ただし、原皮の指定仲買人に大同社員を加えることによって、大同社が戦時体制から離反するのを防ごうとした。

また、一九三六年に朝鮮でも思想犯保護観察制度が実施されるなかで、治安維持法違反容疑で検挙され、起訴猶予となって釈放された衡平社の元社員に食肉販売の営業許可を与えたり営業資金を貸与したりすることで、体制への協力を確保しようとした。ただし、これは一部の地域に限られたものであり、前述のように白丁全般の生活を改善するような政策が実行されたわけではない。

植民地期を通じて植民地権力は、白丁解放運動としての衡平運動に対して、差別の撤廃を図り、平等な権利を確立させるという観点からではなく、治安維持の観点を優先させて対応したといわねばならない。ただし、衡平社を解散させることはなく、また衡平社や大同社との交渉に応じる姿勢を崩すこともなかった。一方で、衡平運動の側は植民地権力に正面から挑むという姿勢ではなく、運動の目標を達成するために当局との交渉を一つの手段と見なす立場に立っていた。植民地状況を背景としつつ、このように微妙な力関係の構図のなかで衡平運動が展開されたと考えられるのである。

コラム●日本人が見た「白丁」

矢野治世美

日本に紹介された「白丁」

「白丁《ペクチョン》」は、いつ頃から日本で知られるようになったのだろうか。

江戸時代、朝鮮通信使を饗応《きょうおう》するために日本側が牛肉などの肉類を提供していたことが史料から確認できるが、実際に肉を調理したのは通信使に随行した「刀尺」と呼ばれた人びとであった。この「刀尺」は「白丁」であったと考えられている〔上田正昭ほか〕。一七四八年刊行の『朝鮮人来朝物語』には、日本人の料理人に混じって台所で豚や山羊《ヤギ》を調理する「刀尺」と見られる人物の姿が描かれている。

また、対馬《つしま》藩士の山崎尚長が編纂した文禄・慶長の役に関する歴史書『両国壬申実記』（内閣文庫）と、同書の前半部分を再編集して一八五八年に刊行された『正実 朝鮮征討始末記』には、「牛を屠《ほふ》る者を白丁と云《いえ》る内より牛の吟味役あり忍《しのび》て私に殺す者贖銅《しょくどう》（実刑の代わりに銅を納めさせること—筆者注）の罰ありと云々」という記述が見られる。監官という役人がいて、（「白丁」が）密かに屠畜した場合は罰金を納めさせるという意味であろう。両書によれば、歳末の歳暮として朝鮮側の役人から倭館《わかん》（釜山に置かれた対馬藩の出先機関）の役人に「牛の脯《ほしし》（干し肉）」を贈る慣習があり、朝鮮と交易していた対馬藩の人びとは「白丁」＝屠畜業者と認識していたことがわかる。

明治初期から前半にかけて日本国内で出版された朝鮮の歴史や地理に関する書物にも、「白丁」に関する記述が確認できる。

最も早い時期に出版されたものに、染崎延房編『朝鮮事情 下』（一八七四年）がある。同書には「白《エ》丁《タ》ハ牛ヲ殺《コロ》シ、又刑人《ケイニン》アリテ斬《キ》ルトキハ近方ノ人其白丁ニ火ヲ與《(あたふ)》ル者ナシ、依テ遠村ニ去ル其時ニハ仲間《ナカマ》ヨリ旅銭ヲ優分《ユウブン》ニアタヘ遣《ツカハ》スト云」という記述が見える。編者の染崎延房《そめざきのぶふさ》は対馬藩士の家に生まれ、江戸末期から明治初期に戯作者（二世為永春水）、ジャーナリストとして活躍した人物である。

元久留米《くるめ》藩士で、一八七〇年に釜山の草梁《そうりょう》倭館に外交官として派遣された佐田白茅《さだはくぼう》の著書『朝鮮見聞録』（一八七五年）には、「人ヲ斬ル者ヲ、白丁ト云フ日本ノ昔シ穢多ト名ヅケタル類ナルヨシ、全体死刑ヲ行フコトハ至テ希《まれ》ナルコトニテ、国中一ヶ年ニ一二人ニ過ギザルヨシ、又梟首《きょうしゅ》ノ刑ハアレトモ、磔《はりつけ》ヲ行フタルコトハ、無之ヨシ」という記述が見える。染崎と佐田は「白丁」と日本の「穢多《エタ》」の共通点として、処刑人の役割をあげている。ただし、「白丁」が行刑に関与していたという説明は実態を反映しているとは言い難い。

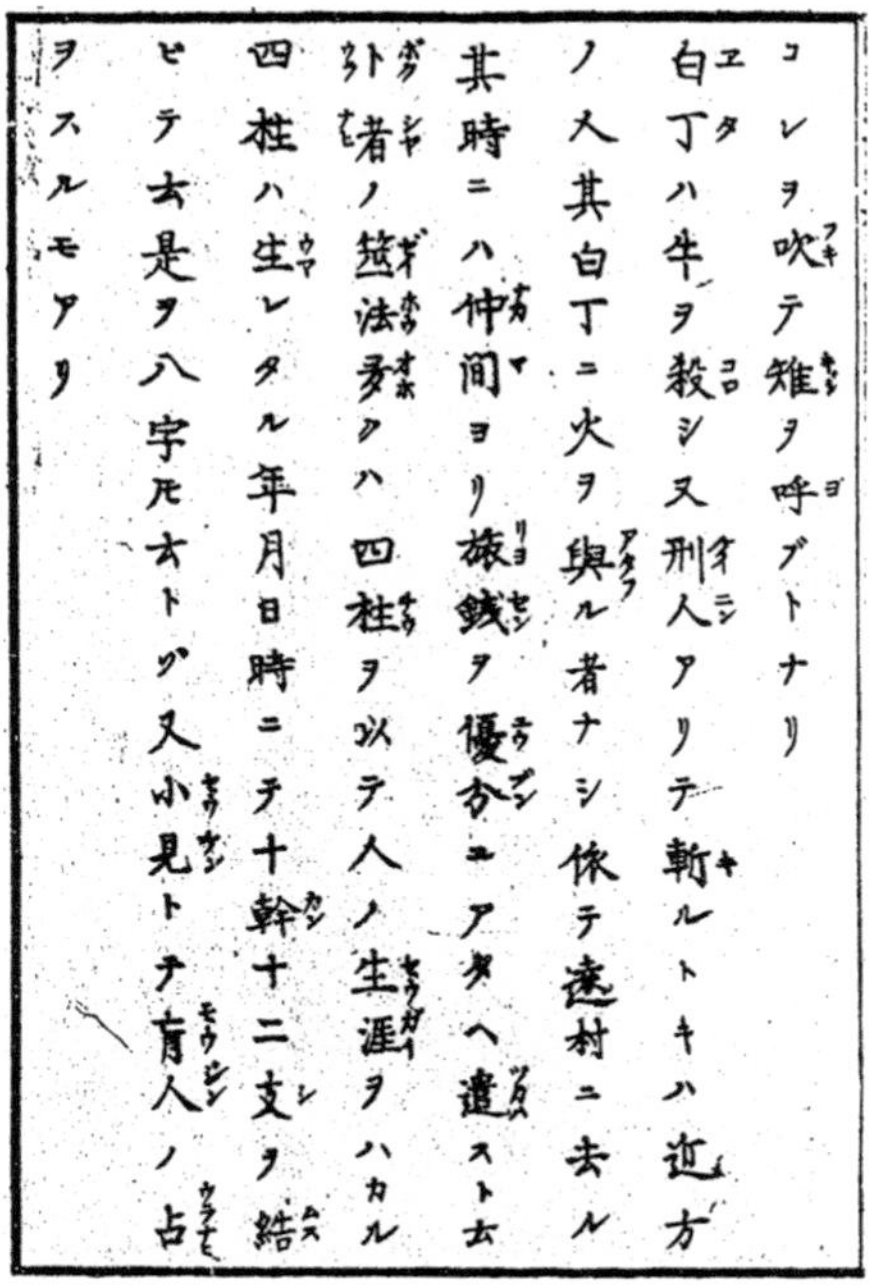
コレヲ吹《フキ》テ雉《キジ》ヲ呼《ヨ》ブトナリ
白《エ》丁《タ》ハ牛ヲ殺《コロ》シ又刑人《ケイニン》アリテ斬《キ》ルトキハ近方
ノ人其白丁ニ火ヲ與《アタフ》ル者ナシ依テ遠村ニ去ル
其時ニハ仲間《ナカマ》ヨリ旅銭《リヨセン》ヲ優分《ユウブン》ニアタヘ遣《ツカハ》スト云
卜者ノ筮法多《オホ》クハ四柱ヲ以テ人ノ生涯ヲハカル
四柱ハ生《ウマ》レタル年月日時ニテ十幹《カン》十二支《シ》ヲ結《ムス》
ビテ云是ヲ八字ト云トゾ又小見トナ盲人《モウジン》ノ占
ヲスルモアリ

染崎延房編『朝鮮事情 下』（1874 年）

また、新聞記者として一八九〇年から一九一九年にかけて朝鮮に滞在した本間九介《ほんまきゅうすけ》（足立銈二郎《あだちけいじろう》／如囚居士）は、「二六新報」の連載記事をもとにした『朝鮮雑記』（一八九四年）で、「穢多 獣を屠りて其皮を取扱ふ所のものは、人間外の人間として一般人民より度外視せられ、同等の交際をなすこと能はず、恰《あたか》も是れ我邦封建時代に於ける穢多なり」と記している。本間は「白丁」が周囲から「人間外の人間」として扱われ、対等な交際がなされていないことから、江戸時代の「穢多」同様の存在だと見なしている。

このように、出版物を通して「白丁」が日本の「穢多」に相当する存在という認識はある程度日本人の間に広まっていたようである。

日本人による「白丁」の調査・研究

日本人による「白丁」研究は、「白丁」の起源を歴史的に考察するものと「白丁」の現状を調査するものに分けられる。ここでは後者について述べる。

韓国併合後は、高橋亨「朝鮮の白丁」（一九一八年、『史料集・続』四三六～四三九頁）、今西龍「朝鮮白丁考」（一九一八年）、喜田貞吉「朝鮮の白丁と我が傀儡子《くぐつし》」（一九一八年）・「衡平運動に就て」（一九二四年、『史料集・続』三八四～三八五頁）など、学術的な調査や論文でも「白丁」が取り上げられるようになった。

朝鮮総督府は、植民地支配のために朝鮮の社会・経済に関する調査を実施する過程で、「白丁」や衡平運動に関する調査も進めていった。朝鮮総督府嘱託の善生永助《ぜんしょうえいすけ》がまとめた『朝鮮の聚落《しゅうらく》』（一九三三年）には、当時の「白丁」集落の所在地や人口、生業などの実態が記されている（『史料集・続』四四八

〜四四九頁)。

善生永助は一八八五年に香川県綾歌《あやうた》郡陶《すえ》村で生まれ、早稲田大学政経学部を経て、一九二三年から三五年にかけて朝鮮総督府嘱託として社会経済調査に従事した[林慶澤]。なお、善生は一九二一年に「特殊部落改善問題」(『財政経済時報』第八巻第二号)という論文を発表しており、「日本人が真に人道に生き文明国民として世界に立」とうとするならば、部落差別の撤廃は「一層緊急を要する」問題だとして、部落改善事業の必要性を訴えている。

一九三二年には、当時京城帝国大学研究生だった岩崎継生《つぎお》が「朝鮮の白丁階級」(『史料集・続』四四五〜四四七頁)という論文を発表している。岩崎は、衡平運動の根本方針には人種問題と階級問題という二つの特質があると指摘しているが、「白丁」差別の歴史的な形成過程や社会的な要因を明らかにすることよりも、衡平運動への「対策的観点」を重視していたようである。なお、近年の「白丁」研究では、系譜や生活習慣、職業等を根拠として、「白丁」が主流集団とは「別種の人種」に仕立てられていったことが、「白丁」差別をもたらしたと考えられている[金仲燮]。

また、岩崎は「白丁」に対する差別には「宗教的要素」「穢《けが》れ」の問題が結びついていると考え、そのために問題の解決が困難なのではないかという見通しを示している。「白丁」差別はインドのダリットに対する差別や日本の部落民ほど穢れ観念の影響は顕著ではないと考えられるが、岩崎の見解は、インドや日本の被差別民と「白丁」の類似性を指摘するだけではなく、差別の共通点を探ろうとした点で独自のものといえよう。

参考文献

上田正昭・辛基秀・仲尾宏『朝鮮通信使とその時代』明石書店、二〇〇一年
中野等「山崎尚長の『両国壬辰実記』と刊本『正実 朝鮮征討始末記』」(『九州文化史研究所紀要』第五五号〈九州大学附属図書館〉、二〇一二年三月)
林慶澤「植民地朝鮮における日本人の村落調査と村落社会――朝鮮総督府嘱託善生永助を中心に」(韓国・朝鮮文化研究会編『韓国朝鮮の文化と社会5』風響社、二〇〇六年)
金仲燮「人種の形成――韓国の白丁の事例」(斉藤綾子・竹沢泰子編『人種神話を解体する1――視性と不可視性のはざまで』東京大学出版会、二〇一六年)

コラム●近代における朝鮮牛と日本

割石忠典

「斃牛馬」の処理が自由になる

一八七一（明治四）年、新政府の最高官庁である太政官は「賤民廃止令」（いわゆる「解放令」）を布告、「穢多非人等ノ称被廃《はいされ》候条、自今《じこん》身分職業共平民同様タルヘキ事」とした。この「賤民廃止令」が出される約半年前に太政官は、牛馬等の処理ついて「従来斃牛馬有之節《これあるせつ》、穢多へ相渡来候処、自今牛馬ハ勿論外獣類タリトモ、総《すべて》持主ノ者勝手ニ処理可致事《いたすべき》」と布告、斃牛馬《へいぎゅうば》についての扱いの変更を述べている。この布告で斃牛馬の処理は、誰でも自由にできるようになった。そのため、いままで経験のない人びとが営利のため皮革産業に参入してくる。

近代日本の皮革産業は日清戦争（一八九四～一八九五）や日露戦争（一九〇四～一九〇五）を経て、軍隊での軍需品の生産に依拠して拡大していくが、それは朝鮮から大量に牛皮を安値で収奪し輸移入することにより成立していた。日本帝国主義の成立・発展期に、朝鮮牛原皮を扱う中心市場は大阪であった。一九一〇年代、大阪では原皮の生産・輸移入量の五分の三以上を集散していたのに対し、五分の一は東京に集まり、残りの五分の一が各地において消費されていた。

日本の軍需産業と朝鮮皮革株式会社

近代において朝鮮からおびただしい数の朝鮮牛（赤褐色の牛、いわゆる「赤牛」のこと）が日本国内に輸移出された（一九一〇年の韓国併合までは「輸出」、それ以後は「移出」とされていた）。その形態は、①朝鮮牛皮（原皮）として輸移入される場合、②生きたままで朝鮮牛（生牛）が輸移入される場合の二つである。

日本は軍用皮革製品（軍靴・背嚢《はいのう》・ベルトなど）の原材料として牛皮（原皮）を朝鮮から輸移入したが、それは一八九二年から一九四二年の五一年間に牛六〇〇万頭に相当する量であったといわれる。また、朝鮮の開港期および植民地期に日本へ輸移入された朝鮮牛（生牛）の累計は一五〇万頭に達した。

韓国併合の翌年、一九一一年に現在のソウル市永登浦《ヨンドゥンポ》に朝鮮皮革株式会社が朝鮮総督府の支援により設立された。永登浦に本社ならびに工場を置き、各地に出張所を設けるが、その出張所の一つは大阪市西浜の被差別部落内に置かれた。

これらの事実から考えられるのは、①日本の皮革産業が軍需品の生産に依拠したこと、②朝鮮から膨大な牛皮を安価に輸移入し、皮革産業の原材料としたこと、③日本帝国主義成立・発展期に朝鮮牛皮の国内の集積地・中心市場は大阪であったこと、④日本の皮革産業は被差別部落と深くかかわっていたこと、などである。

一方、朝鮮では、朝鮮総督府が一九一九年に「屠獣規則」を廃し、「屠場規則」を制定した。この規則により、急速に朝鮮内の私設「屠場」は減少し府営・面営の「屠場」が急増する。朝鮮内「屠場」は一九一五年に公営［五二八］・私設［朝鮮人経営、一一二二］［日本人経営、二四四］、一九二四年には公営［一三一四］、私設［朝鮮人経営、一九］［日本人経営、八］、一九三八年には公営［一四一三］、私設［○］になる。この変化は植民地期朝鮮において旧「白丁《ペクチョン》」の人たちの仕事のひとつであった「屠場」「食肉」関連産業を、朝鮮総督府の政策によって管理・収奪したことを示している。このような状況に対して衡平運動の側は、「生活問題」として論議し、朝鮮総督府に対し改善を求めるとともに、自分たちの生業・生活を守るための自主的な動きを示した。

朝鮮牛（生牛）の輸移入と、その後の朝鮮牛

朝鮮牛（生牛）の輸入が「事業」として展開されるのは一八九〇年代からである。そして植民地支配体制を確立した時期からは、急速に移入が激増する。

朝鮮牛は強健、温順、敏捷《びんしょう》といった優れた性質を持ち、役牛として農耕・運搬に最適であると評価され、また牛皮の品質が優れており、日本の農家、皮革業者が大いにそれらを求めた。

朝鮮の農民から多様な方法で集められた朝鮮牛は、多くは釜山《プサン》の牛市場から輸移出のため牛検疫所を経て船（帆船あるいは汽船）で下関検疫所に輸送され、汽車や船で中国・四国地方などに運ばれ、農家に役牛として飼われた。役牛として数年間使役されたのちに朝鮮牛は、肉牛として神戸などの「屠場」で解体され、その牛皮は大阪などに送られて使用された。牛肉は、缶詰として加工され軍隊で兵士らが食べるようになったことで、牛肉は人びとの間で美味しい食べ物として、さらに普及する。

朝鮮牛の取引価格は、朝鮮半島から玄海灘を船で運ばれ、検疫を受けるだけでも諸費用がかかるにもかかわらず、日本の牛市場では安価であった。こうして植民地期朝鮮では、日本の資本および日本人が組織的に朝鮮牛を安価に移入し、朝鮮の農村を疲弊させる要因となった。

皮革の集散地としての大阪の西浜部落

ここで朝鮮牛皮と大阪の西浜部落（被差別部落）のかかわりについて述べておく。西浜部落（西浜地区および木津北島地区）では朝鮮から安価な牛皮が大量に移入されたことも一つの要因になって、皮革産業が栄えていた。

西浜部落には、「内地牛皮」と「輸移入牛皮」を扱う業者がいた。「輸移入牛皮」については「牛皮商」と「問屋」がいて、大工場に上等の皮を送り、品質の悪い牛皮は在来の中小工場に送っていた。大工場としては井野商店、西森商店、岩田商店、岩岡商店、荒木商店があったが、井野商店は中国からの牛皮を主に扱うのに対し、他の商店は朝鮮と中国の牛皮を扱っていた。朝鮮牛皮を専門に扱う問屋（「朝鮮問屋」と呼ばれる）には、大阪西区北堀江の大津商店、牧野商店、庄野商店、横山商店などがあった。朝鮮の特約店から大阪南堀江の杉村倉庫（旧式の米倉で牛皮の貯蔵に適する）に入れ、仲買人山田菊次郎を通じて西浜に通知し販売する。一九一〇年代半ば、大津商店は単独で年三〇〇万斤《きん》を扱っていた。製革所は新田帯革製造所（南区難波）、日本皮革株式会社大阪工場（同上）、東洋皮革株式会社（西成郡豊崎村）、中井製革所（南区木津北島町）、中西製革所（同上）、川崎製革所（同上）、奥田製革所（同上）、篤田製革所（南区西浜）、松村製革所（同上）、大阪帯革製造所（東区平野町）などが存在していた。

つまり「支那《（ママ）》及朝鮮に対する集散地なるを以て原皮の中心市場は大阪を以て推さざるべからず」「皮革組合なるもあり」（『牛畜ノ繁殖取引並利用ニ関スル趨勢』朝鮮皮革株式会社、一九一八年）という状況で、皮革組合の所在地は大阪西浜南通三丁目で組合員は四五〇人、取り扱い範囲は皮革（原皮・製革）・毛・骨、組合長は徳田治郎兵衛、副組合長は井野清次郎であった。一九一六年度の大阪取扱皮革数は牛皮五三万八〇〇〇枚、馬皮は三万三五〇〇枚、その他の皮革は三一万枚であった。

衡平社と牛皮移出および皮革統制

旧「白丁」の人びと、被差別部落の人びとがかかわるのは、生牛ではなく牛皮のほうだった。朝鮮牛皮の集散地は「京城、釜山、平壌《ピョンヤン》、元山《ウォンサン》、城津《ソンジン》、その他八カ所」で、それらの土地から日本に移出された。集散時期は一〇月から翌年三月までが最盛期である。朝鮮から日本に移出される牛皮の流通過程は、細かい流れを省くと図のようになる。

牛皮の流通過程

（朝鮮）屠牛→牛皮製造→仲買→集散業→輸移出業→（日本）輸移入業→「朝鮮問屋」→皮革製造
〔旧「白丁」〕　〔被差別部落〕

衡平運動に参加していた多くの人たちは、食肉販売業（原皮生産を兼ねる）や牛皮販売業など、屠畜にかかわる仕事に従事していた。

一九二八年に衡平運動の関係者が作成した衡平忠南産業株式会社設立趣旨書は、「朝鮮で産出される物品の中で、牛皮というのが膨大な地位を占領している」と述べ、①われらの営業状態は、獣肉販売に対しても一つや二つでない悲境に陥っている、②牛皮の輸移出、牛皮の販売方法は嘆かわしい、③牛皮は転売され日本や中国にいく、としている。つまり、生産者には富が蓄積されない仕組みとなっているので、「我らの事業の資本を我らが合資し、自由に我らの手で新出される生産機関の産業に運用奨励、即ち輸移出販売を我らの手で経営しよう」として、牛皮の輸移出業を中心とする経済活動の方針を示した（『史料集』二八二頁以下）。会社が設立されたかは不明である。当時の状況からすれば、会社を設立す

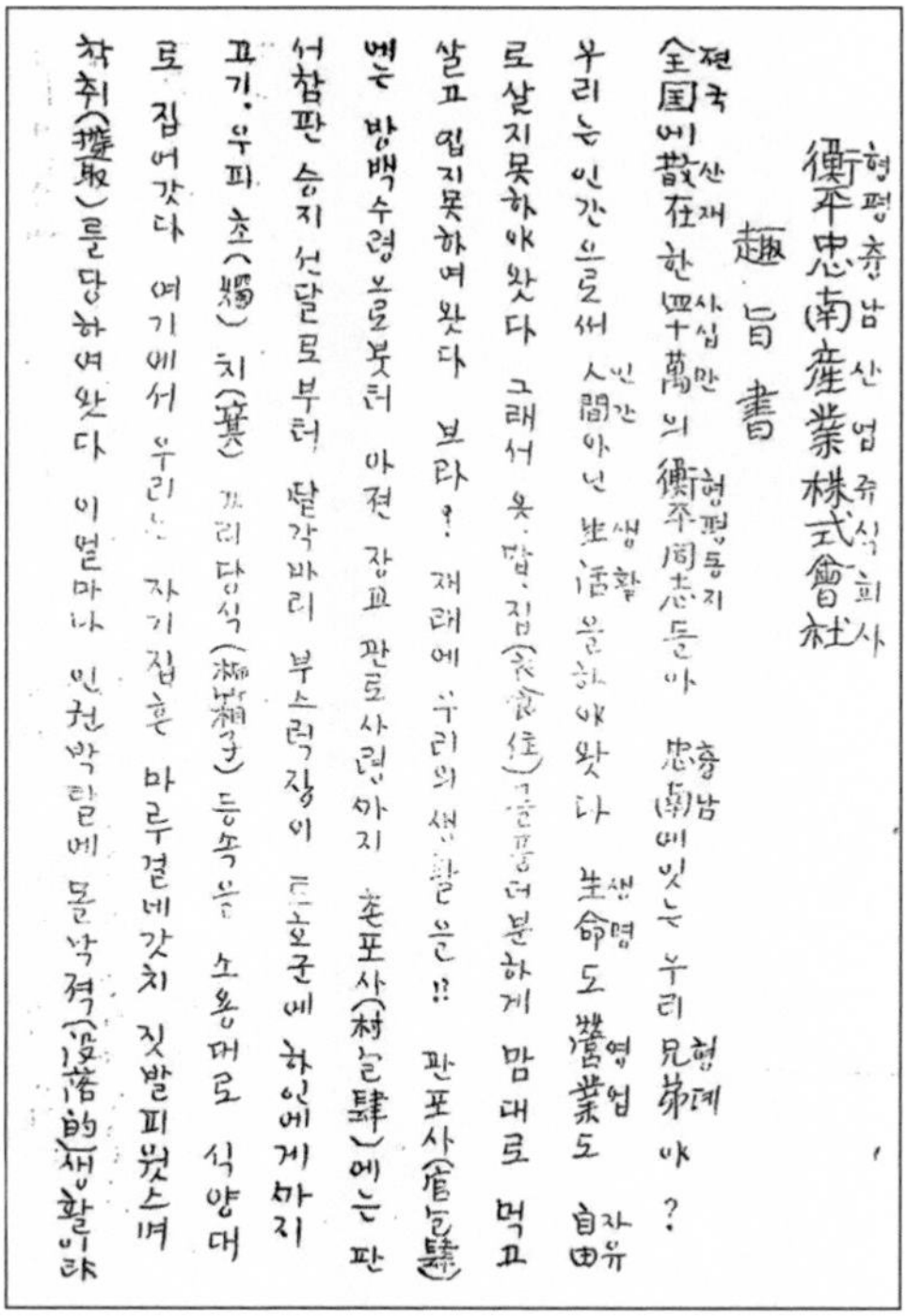

衡平忠南産業株式會社《형평충남산업주식회사》

趣旨書

全国《전국》에散在《산재》한四十萬《사십만》의衡平同志《형평동지》들아 忠南《충남》에있는우리兄弟《형제》야?

우리는인간으로서 人間《인간》아닌 生活《생활》을하야왓다 生命《생명》도 營業《영업》도 自由《자유》

로살지못하야왓다 그래서 옷,밥,집(衣食住)[illegible] 분하게 맘대로 먹고

살고 입지못하여왓다 보라! 재래에 우리의 생활은!! 관포사(官庖肆)

에는 방백수령으로부터 아전 장교 관로사령까지 촌포사(村庖肆)에는 판

서참판 승지 선달로부터 딸각바리 부스럭장이 [illegible]호군에 하인에게까지

고기·우피 초([illegible]) 치([illegible]) 꺼리 당식([illegible]) 등속을 소용대로 식양대

로 집어갓다 여기에서 우리는 자기집은 마루걸에갖치 짓발피웟스며

착취(搾取)를당하여왓다 이얼마나 인권박탈에 몰낙적(沒落的)생활이냐

「衡平忠南産業株式会社趣旨書」(1928年)

ることはできなかったと考えられる。

こうした衡平社による「生活問題」に関する活動は、戦時期・解放後の朝鮮における皮革統制に抗する衡平運動関係者の運動として引き続き取り組まれたといえる。

以上のように、旧「白丁」の人びとの生活は、朝鮮牛と牛皮を利用した日本資本主義のありようと密接に関連していたのであり、衡平運動が取り組んだ差別撤廃の活動、生活向上のための活動も、日本の植民地支配との関係を背景にしていたのである。

参考文献

林采成『飲食朝鮮――帝国の中の「食」経済史』名古屋大学出版会、二〇一九年

水野直樹「戦時期・解放後朝鮮における皮革統制と衡平運動関係者の活動」(『部落解放研究』第二一四号〈部落解放・人権研究所〉、二〇二一年三月)

滝尾英二編『戦後の歴史研究と朝鮮認識――自民族・自国家中心意識の克服をめざして』〈東アジアにおける「人権

の歴史」資料シリーズ〉第二輯、人権図書館・広島青丘文庫、一九九七年
竹国友康『日本を生きた朝鮮牛の近代史』有志舎、二〇二一年
割石忠典「植民地期朝鮮と尾道家畜市場」（『芸備近現代史研究』創刊号、二〇一七年一月）
割石忠典「皮革は朝鮮半島からもやってきた――西浜の皮革業と牛皮」（磯前順一・吉村智博・浅居明彦監修、小倉慈司・西宮秀紀・吉田一彦編『差別の地域史――渡辺村からみた日本社会』〈シリーズ宗教と差別 第三巻〉法藏館、二〇二三年）

衡平運動の継承
——戦時期・解放直後の動き

水野直樹

退潮する衡平運動

一九三〇年代前半、衡平運動は沈滞状況に陥り、地方支部の数や会員数も減少傾向を示した。警察の記録によれば、一九二九年末に一六二支部、二万四九三〇名の社員だったのが、一九三五年末には九八支部、六五四〇名の社員に減少した（朝鮮総督府警務局「昭和五年一〇月　治安状況」＝『史料集』一二七頁、朝鮮総督府警務局「昭和一一年五月　治安状況」＝『史料集』一三七頁）。一九三一年四月の衡平社《ヒョンピョンサ》大会で配布された資料では、二三一支部のうち、「沈滞支部」が半数余りの一一八支部とされている（『史料集』四七四頁）。

衡平運動の沈滞は、世界恐慌に襲われた朝鮮で農村恐慌が深刻化・長期化していたため、食肉販売なども不振を脱することができず、衡平運動を支える財政的基盤が弱体化していたことが大きな原因であった。支部の活動が沈滞し、支部から本部に納める分担金も支払われなくなったため、衡平社本部の建物の維持も困難になった。一九三一年頃から「本部会館維持」問題が執行委員会で議論され、本部会館を売却することが検討される状態となった。一九三一年一〇月の警察の記録には、

「人権平等獲得の目的の下に組織されたる本運動も自然解体の道程をたどりつつあり」と記されている（『史料集』四九七頁）。

それに追い打ちをかけたのが、一九三三年からの「衡平青年前衛同盟事件」である。これによって中堅幹部・若手活動家多数が検挙され、長期にわたって拘留・投獄されたため、衡平運動の沈滞はますます深まった。

「前衛同盟事件」の検挙が続くなかで開かれた一九三三年四月の大会では、「同人共済社」を設置することが決議された。これは、「創立以来一〇年の長い闘争の歴史を持つ衡平社が、闘争方面だけでなく新たに社員の日常経済生活の安定を標榜《ひょうぼう》」して、低利資金の融通などを図ろうとしたものである（『史料集・続』二六七頁）。しかし、同人共済社の組織はほとんど進むことがなかった。

大同社への改編

一九三五年四月に開かれた衡平社の大会は、名称を大同社《テドンサ》に変えることを決めた。張志弼《チャンチピル》の説明によれば、衡平社は宣伝、事業、実行の三期を経て当初の目的を達成したので、運動の目標・方略を変更する必要があるからだとしている。この大会では、張志弼に近い立場の千君弼《チョンクンピル》が執行委員長に選ばれた（『史料集・続』二七七頁）。

一九三六年一月に大田《テジョン》で開かれた大同社臨時総会では、京城本部の建物を売却し、本部を大田に移転することなどを決め、組織の立て直しを図った。この総会で執行委員長に釜山の李聖順《イソンスン》、副委員長に晋州《チンジュ》の姜相鎬《カンサンホ》が選ばれた。同年二月の中央執行委員会で、従来の綱領のうち「経済条件を必要とする人権解放を根本的使命とする」「合理的社会建設を期する」を、「正義の旗の下に協心戮力《りくりょく》して国民精神を発揮」「産業的経済的に相互扶助して自力をもって生活を改善」「子弟の教育に努めて、階級の協調を図ろう」に改めた（朝鮮総督府警務局『高等警察報』第六号、『毎日申報』一九三六年二月二六日＝『史料集・続』二八二頁）。「国民精神」「産業的経済的に相互扶助」「階級の協調」を掲げたことに示されているように、「白丁《ペクチョン》」（以下、白丁）に対する差別解消を求める運動の性格を希薄化し、植民地支配体制に協調的な姿勢を示すものであった。

大同社が重視したのは、経済的な権益を守るための活動であった。経済的権益を維持・拡大することは衡平社の時期にも課題とされていたが、大同社への改編後はそれがいっそう強調されることになった。一九三六年二月二二日に大田で開かれた中央執行委員会では、「大同社の事業として産業部を設置し、牛皮統制を行なうこと」が決議され（『史料集・続』二八二頁）、四月の大会で「牛皮の統制販売」「獣肉販売組合の組織」が討議、決議された。これは、大同社員が牛皮を販売する場合、大同社の産業部を通すことを義務化しようとしたものである。この問題は地方支部でも議論され、五月に開かれた光州《クァンジュ》支部の創立総会や六月の大同社全羅南道大会では中央執行委員会の決議に従うことが決められている（『史料集・続』二八九頁）。

大同社は警察当局による食肉販売統制の撤廃を求める活動もおこなった。食肉価格は各地の警察当局によって統制されており、これを解除すること、そして販売業者の許認可権を警察が握っている状況を改善することをめざしたものである。その点では衡平社の時期から変わるところがなかった。一九三六年四月、姜相鎬ら大同社幹部九人は、総督府警務局長に面談をして、これらの問題について改善を図るよう求めた。しかし、当局側は、食肉販売で暴利をむさぼる者がいるので統制は必要との見解を示し、大同社の要求を退けた（『朝鮮中央日報』一九三六年四月一〇日、二八日＝『史料集・続』二八七、二八八頁）。

また、警務局長との面談では、白丁に対する差別、とくに官公吏による差別待遇をなくすことも要求した。「地方の警官らが大同社員に対して言語・行動やその他の取り締まりなど各面で一般民衆に対するよりも差別がはなはだしいので、これを改めること」を求めた（『朝鮮日報』一九三六年四月一〇日）。衡平社を引き継いだ大同社は、差別撤廃と人権確立を課題とするという点では衡平社から大きく後退することがなかったといえよう。

このように大同社幹部が運動を活発化させようと努力したことによって、「有名無実」となっていた支部が復活し、活動を再開する動きも見られたとされる（朝鮮軍参謀部『昭和十一年前半期　朝鮮思想運動概観』＝『史料集』五一八頁）。運動がふたたび活発になったのは、釜山で牛皮仲買商を営む執行委員長李聖順の活動と財力が少なからぬ役割を果たしたようである。

戦争への協力

しかし、日中戦争が開始されると、大同社は戦争協力の方向に大きく舵《かじ》を切ることになる。戦争勃発直後の一九三七年八月二七日、張志弼、金東錫《キムトンソク》らは大同社員から寄付金を集めて飛行機を軍に献納することを決め、募金を開始した。飛行機は「大同号」と名づけられ、五万三〇〇〇円を目標に寄付金を集めることがめざされた。白丁として差別される立場だが、「我らも同じ国民である以上、このような国家的非常時にこのままでいるわけにはいかない」というのがその主旨とされた

（『史料集・続』二九四頁）。寄付金の募集はそれほど順調ではなかったが、一九三八年七月、大同号がようやく軍に献納された。

献納に際して開かれた大同社臨時総会では、従来の幹部姜相鎬らと大同号献納を主導した張志弼らとの間で意見の違いが表われた。張志弼は、これまでの宣言や綱領は時代遅れだと主張し、「皇国臣民の自覚を明確にして国体を尊重し、相互協力、報国精神を徹底して発揚することを期する」という新たな宣言を採択させるとともに、大同社の指導権を掌握することになった（『史料集・続』二九五頁）。

昭和十三年七月十二日（火曜日）

銀翼に輝く赤誠

忠南道の愛國機

忠南號 大同社號 晴れの獻納式

九日盛大に擧行さる

坡州郡の

三十萬圓

大同号献納式を報じる『朝鮮新聞』（1938 年 7 月 12 日）

張志弼らの大同社幹部は、引き続き国防献金を集め、一〇〇〇〇円余りを軍に納めるなどの活動をした。このような動きは本部だけでなく、支部においても見られ、慶尚北道永川《ヨンチョン》支部では支部長が軽機関銃二丁を献納したり、京畿道平澤《ピョンテク》では食肉販売業者らが防空監視哨《かんししょう》員に寄付金を渡したりしている。

戦時期の皮革統制と大同社

日中戦争が開始されると、経済統制が進むなかで軍需物資としての皮革が統制の対象になった。皮革は軍靴、背嚢《はいのう》、さらに防寒服など兵士にとって不可欠な装備に使われる重要物資だったからである。皮革統制は大同社員にとって生活を脅かす大きな問題であった。日本「内地」での皮革統制にあわせる形で朝鮮でも皮革の使用と配給を統制し、軍隊に必要な皮革を確保する措置がとられた。朝鮮での皮革の使用制限は一九三八年九月に、皮革の流通・配給統制は翌一九三九年四月に実施された。一九世紀後半以降、日本での皮革需要は主に朝鮮と中国からの輸移入によって満たされてきた。一九三〇年代には中国からの皮革輸入が大きな部分を占めるようになっていたが、日中戦争の開始によって中国からの輸入の先行きが不透明になったため、朝鮮で皮革を確保することが至上課題とされ、そのために皮革の使用と流通の統制が図られたのである。

食肉販売業に携わる者が多い大同社員にとって重大な問題となったのは、皮革の流通統制である。牛などを屠殺した者はその皮を指定業者・仲買人に販売しなければならないとするもので、食肉販売のために牛を屠殺する食肉業者は、牛皮（原皮）を自由に販売することができなくなった。これに違反すると、懲役刑あるいは罰金刑を課されることが定められていた。

一九三九年二月に国策会社として朝鮮原皮販売株式会社が設立され、原皮を同社に納入する仲買人も指定されることになった。この皮革統制の仕組みによって、原皮の販売価格が抑えられ、仲買人に手数料を支払わねばならないなど、牛皮販売業者・食肉販売業者に損害をもたらすものであった。そのため、大同社は原皮販売会社設立に対抗して、自ら牛皮販売組合を設立して直接軍に納入するという案をつくって、総督府や朝鮮軍に働きかけたが、大同社の案は無視され、原皮販売会社の設立、原皮仲買人の指定が実行されることになった（朝鮮軍参謀部「治安ニ関係アル請願陳情運動ノ状況」〈一九三九年〉、『東亜日報』一九三八年一一月二八日、同一九三九年一月一三日＝『史料集・続』二九七～二九八頁）。

しかし、大同社関係者は原皮販売会社の役員に就任できなかったものの、原皮仲買人に選ばれる者が多くいた。各道で指定される一〇～二〇人の仲買人に数人の大同社（または旧衡平社）関係者が含まれているところが多く、とくに忠清南道では、指定仲買人二三人のうち一六人が旧衡平社員で、張志弼、金東錫などの幹部経験者、「衡平青年前衛同盟事件」で検挙された金成俊《キムソンジュン》の名前も見いだせる（『朝鮮日報』一九三九年四月一五日）。これは大同号献納運動を先頭に立って推進した張志弼らに対する見返りでもあり、大同社（旧衡平社）関係者を体制内に取り込むための措置でもあったが、一方で大同社の側からするなら生活権擁護の取り組みの一定の成果であった。

しかし、支配当局に協力するこのような活動に対しては、大同社内部からも批判の声があげられたようである。一九三九年四月の大会では、「国民精神総動員」に関する討議案が上程され、朝鮮全体で構築されつつあった総動員体制に大同社として加わり協力することを議論しようとした。その一方で「大同社解体の件」が議案となっており、総動員体制のなかでは大同社の存在意義がなくなったと見なす意見が表われていたことを物語っている。大同社を解体して「人権闘争を清算」するということの主張に対して、万難を排して組織を維持すべきだとする意見が強く、大同社の解体は見送られた（『史料集・続』二九八頁）。

衡平運動の終焉《しゅうえん》

一九四〇年、大同社は本部を大田から釜山に移し、ふたたび朝鮮衡平社を名乗ることになった［池川英勝］。委員長には釜山の李聖順が再度就任した。同年一二月、大邱《テグ》で開かれた衡平社中央委員会は、総督府が組織しようとしていた「原皮仲買人組合」に反対すること、「全鮮生産者牛肉組合《(マヽ)》」を組織して原皮生産者が直接原皮販売会社に納入することを決めた。「仲買人組合」ができると、手数料などを二重に払わねばならないこと、また価格の点でも生産者に不利になると予想されることがその理由であった（『毎日新報』一九四〇年一二月三日＝『史料集・続』二九九〜三〇〇頁）。この活動の先頭に立ったのは、釜山の李聖順、晋州の姜相鎬らであったが、彼らは大同社を皇民化政策に沿うものにしようとした張志弼とは距離を置いて、白丁の経済的地位の維持・向上を図ることをめざしていたと見られる。しかし、この問題がその後どのように推移したか、また一九四〇年代前半の統制経済のなかで旧衡平社員らの経済活動がいかに変化したかなどは、関連史料や新聞記事がないため明らかでない。

アジア・太平洋戦争開始直後の一九四一年一二月二六日、「朝鮮臨時保安令」（「内地」の「言論出版集会結社等臨時取締法」に準ずるもの）が公布・施行された。「公事に関する結社」は当局の許可を受けねばならないと定め、その施行規則では許可申請に際して結社の名称、目的、事業、維持方法や主幹者の氏名・住所などを届け出なければならないとしていた。これらの規定は現存の結社にも適用されるものであり、法令施行後五〇日以内に許可申請をしなければならないとされていた。衡平社が「公事に関する結社」として認められる可能性はなかったため、許可申請はなされなかった。結局、日本「内地」での「言論出版集会結社等臨時取締法」の規定により全国水平社が消滅したのと同様に、結社としての衡平社は一九四二年二月中旬に法的に消滅することになったと考えられる［池川英勝］。

解放後の動き

一九二三年の創立以来、白丁に対する差別の解消、人権の確立を求めて展開された衡平運動は、植民地支配から解放された朝鮮で復活・再開されることはなかった。

しかし、朝鮮南部においては一時、衡平運動を継承する動きが現れたことが注目される。一九四七年四月にソウルで全国食肉業組合中央連合会が組織されたが、同連合会は食肉業者の多くが「白丁」であると見なす立場から、政治的・社会的・経済的差別の状況を改めることを目標に掲げた。衡平運動の歴史を受け継ぐことを表明したのである。新聞には、同連合会の結成を伝える次のような記事が掲載された。

食肉商人組合／総本部結成準備

南朝鮮各道に散在する食肉商人代表五〇名は、去る三月ソウル筆洞一街武豪亭に集合して、朝鮮食肉商人組合総本部準備委員会を結成した。趣旨は、同業者間の経済保障と社会的地位向上を図ろうというものだ。来る二五日午前一〇時には、市内小公洞研武館で結成大会を挙行するという。早くに衡平社運動で社会的待遇改善を主張したことがあるが、このたびはこの同業組合組織によって団結を固くしようとするものという。(『民報』一九四七年四月一〇日)

名称を全国食肉業組合中央連合会としたこの団体の理事長には、衡平社の若手活動家として「衡平青年前衛同盟事件」で検挙されたことのある馬山《マサン》の朴敬植《パクキョンシク》が就任し、副理事長には李東煥《イトンファン》が就任したほか、各道の理事長にも多くの旧衡平社員が名を連ねた(『民報』一九四七年四月一〇日、『独立新報』一九四七年六月二五日、『大韓日報』一九四八年九月一一日など)。傍線の人物が衡平社・大同社で活動したことが確認できる人物である。

中央連合会理事長　朴敬植　副理事長　金水同　金成允　李東煥
ソウル市連合会理事長　金京瓚
忠北道連合会理事長　趙一成
忠南道連合会理事長　李址永
全北道連合会理事長　羅秀完
全南道連合会理事長　李君一
江原道連合会理事長　李完童
慶北道連合会理事長　李思賢
慶南道連合会理事長　李希哲
京畿道連合会理事長　沈賢求

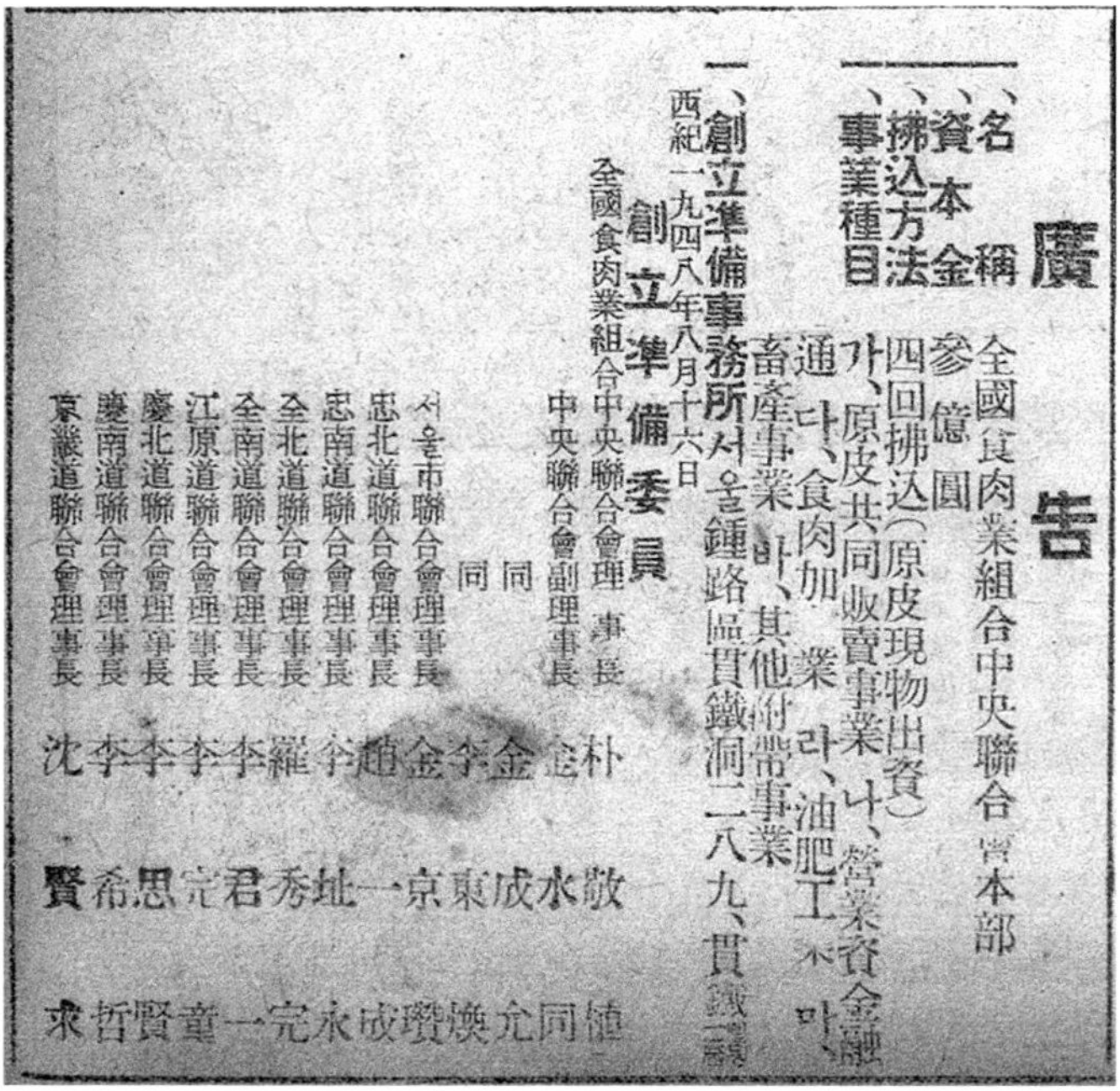
廣告
一、名稱　全國食肉業組合中央聯合會本部
一、資本金　參億圓
一、拂込方法　四回拂込(原皮現物出資)
一、事業種目　가、原皮共同販賣事業　나、營業資金融通　다、食肉加工業　라、油肥工業　마、畜產事業　바、其他附帶事業
一、創立準備事務所　서울鍾路區貫鐵洞二八九、
西紀一九四八年八月十六日
創立準備委員
全國食肉業組合中央聯合會理事長
中央聯合會副理事長
同
同
서울市聯合會理事長
忠北道聯合會理事長
忠南道聯合會理事長
全北道聯合會理事長
全南道聯合會理事長
江原道聯合會理事長
慶北道聯合會理事長
慶南道聯合會理事長
京畿道聯合會理事長
朴金李金趙李羅李李李李沈
敬水成東京一址秀君完思希賢
植同允煥瓚成永完一童賢哲求

全国食肉業組合中央連合会の広告(『國際新聞』1948年9月7日)

大同社の時期に中心的幹部となった張志弼や姜相鎬、李聖順らではなく、朴敬植、金《キム》水《ス》同《ドン》、李東煥、羅《ナ》秀《ス》完《ワン》など「前衛同盟事件」の関連者が多い点が注目される。全国食肉業組合中央連合会の中心人物は、大同社に改称する前の衡平社を引き継ごうとする意志が強かったと見られる。結成大会を衡平社が毎年全国大会を開催していた四月二五日に設定した点にも、その意志が示されている。

結成後、同連合会は、朝鮮半島を分割占領する米ソ両国が開いた共同委員会に対して、白丁に対する差別を撤廃し民主主義を確立するよう求める次のような陳情書を提出するなどの活動をおこなった。

「白丁」という特殊層の形成のもとに李朝五〇〇年間、極悪な政治的社会的経済的虐待を受けてきた我らは、貴米国の黒奴解放以前のそれであり、また貴ソ連の一〇月革命以前のツァーリ暴政下に呻吟《しんぎん》していた農奴に対する虐待よりもさらに甚だしいそれでありました。考えれば、我が朝鮮時代から現在まで受けてきた迫害は、民主主義が実に百姓の味方であり人間的正義たることを知り行動したために受けた虐待でした。願わくは、貴共委〔米ソ共同委員会〕が現在の南朝鮮からすべての反民主勢力を一掃することのできる我が民主建国を援助してくださることを、同人五〇万の名義で謹んで陳情するものであります。（『独立新報』一九四七年六月二五日）

さらに、一九四八年の大韓民国政府成立前後に皮革統制が立案されたのに対して、同連合会は植民地期の政策を引き継ぐような原皮統制に反対する次のような声明書を発表し、原皮を統制会社に販売しないことを決議した（『独立新報』一九四七年一〇月九日、同一九四八年四月八日など）。

声明書（一九四八年一〇月四日）

我ら食肉業者五〇万大衆は、過去李朝五〇〇年間歴史的に封建的因襲から非人間的虐待賤視《せんし》を受けてきたが、三千万の我が民族が解放された今日も、経済部門でも政治部門でも社会的にも賤視差別を現実的に受けている。怨恨と義憤に沸き立つ熱い血は、一日とて休まる暇なく胸を打っている。これが今日の我が朝鮮の隠しえない実情の腐敗した暗黒の一面だ。

日帝時代にその侵略戦争を遂行するために皮革統制を抑圧強行して、我が五〇万食肉業者大衆を泣かせ、膏血《こうけつ》を搾り取ったのが、今日においてもまだ残骸を残している所謂朝鮮原皮株式会社というものだ。これが再び我が五〇万大衆の吸血鬼として我が民族経済の建設面に再登場しようとあらゆる狡猾《こうかつ》な手段と野卑な策動を尽くしていることを、満天下に訴えるものだ。我らも民族の一員だ。民族経済再建のために国家の計画的な全般的統制を確立するとか、そうでなければ部分的にでも根本的統制を断行するとかするなら、犠牲が多少あるとしても我らはもろ手をあげて全面的に支持し協調するであろうが、一個謀利会社の独占的な利権化の結果を招来する原皮統制には絶対反対するものである。（下略）（『独立新聞』一九四七年一〇月九日）

一九四〇年に朝鮮衡平社が「生産者牛肉組合」の名前で皮革統制に反対したのと同じように、食肉商の組合である同連合会は、食肉販売と原皮生産・販売とを一体のものとしてとらえる立場から、原皮の流通統制に反対する姿勢を示したのである。このような形で衡平運動を受け継ごうとする動きが見られたことは、注目すべき事実である。

なお、その後、韓国政府が海外から牛皮を輸入することを検討し、統制も「停止」されたため、統制反対の運動は下火となり、そのまま朝鮮戦争を迎えることになった。

韓国社会の激動のなかで

一九五〇年から三年間にわたって続いた朝鮮戦争は、韓国社会（もちろん北朝鮮社会も）を根元から変えてしまったといってよい。政治・経済の変化、社会構造の変動、人の移動など、あらゆる面でそれ以前とは大きく異なる社会が出現することになった。そのようななかで、被差別民としての白丁のありようも大きく変化した。イデオロギーや利害に応じて、あるいはその日の生計を維持するために、生業と生活を変えざるを得なかった人びとが多くいたことは、容易に想像できよう。

朝鮮戦争後、とくに一九六〇年代以降の経済発展にともなう社会の変動、農村から都市への人口移動によって、集団としての白丁は目に見える存在ではなくなったといわれる。白丁出身者が従事していた屠畜業について見ると、一九六〇年代以降、韓国各地に存在していた屠畜場が統合されていったこと、屠畜場自体の近代化（機械化）が進められたことなどによって、屠畜場に働くのは白丁出身者という図式が消滅する方向に向かった。白丁出身者のその他の生業についても、箕《み》や籠《かご》などの柳器がプラスチック製品に置き換わるなどしたため、従事者が減少することになった。

しかし、集団としての「白丁」は存在しなくなったとはいえ、韓国社会において白丁に対する差別意識、あるいは言葉のうえでの「白丁」差別が完全になくなったということはできない。

なお、全国食肉業組合中央連合会はその後、韓国畜産企業組合連合会、大韓畜産企業協会、畜産企業組合中央会などを経て、現在は畜産企業中央会となっている。同中央会のホームページの「沿革」（https://www.kfmp.or.kr/intro/history）には、一九二三年四月「衡平社組織」、一九三〇年（一九三五年の誤り）「衡平社を大同社に改称」と記されており、衡平社の流れを受け継いでいることが示されている。

衡平運動指導者、解放後の歩み

最後に衡平運動で重要な役割を果たした二人の人物——姜相鎬と張志弼——が、朝鮮の解放後にどのような生を送ったかを簡単に見ておこう。

姜相鎬は非白丁の知識人として衡平社の創立を主導し、張志弼らの主流派とは対立しながら一九四〇年まで白丁解放のために活動し続けたが、解放後は苦難の足跡をたどることになった。一九四六年初めに晋州で独立運動経験者の団体三一同志会を結成して初代会長を務めたが、その後、左翼人士と見なされる人物を警察が監視・統制するために組織された保導連盟に強制的に加入させられたという。朝鮮戦争中に晋州が朝鮮人民軍に占領されたとき、同地の人民委員会委員長に就任したとも伝えられたため、戦争後も「左翼」として迫害されることになった。しかし現在では、人民委員会委員長を務めたことはないとされている。戦争時に晋州市の郊外に避難して、死去するまで晋州に戻ることはなかった。晩年は経済的に困窮した生活を送ったが、時には衡平社時代の同志たち（畜産企業組合員）が経済的な援助をすることもあったようである。一九五七年に死去した際には、畜産企業組合連合会が中心となって葬儀をおこない、多数の旧衡平社員が参列したという。

姜相鎬は、晋州における三一運動やその後の社会運動で重要な役割を果たした人物であるにもかかわらず、長い間、韓国政府から独立運動有功者として認められていなかった。保導連盟員であったこと、朝鮮戦争期に晋州の人民委員会委員長だったという噂《うわさ》があったことがその原因だが、二〇〇五年になって盧武鉉《ノムヒョン》政権の時期に大統領表彰を追叙され、現在では晋州が生んだ人権運動の先駆者として尊敬を集めている。

衡平運動のもう一人の指導者張志弼の解放後の足跡はあまり詳しくは知られていない。忠清南道洪城《ホンソン》で食肉販売業を営み、一九七〇年代半ばに死去したといわれ［高宗錫］、韓国の民間で編纂された『親日人名事典』（民族問題研究所、二〇〇九年）でも同様の記述がなされているだけである。「親日派」に関する人名事典に張志弼の項目が収録されたのは、大同社時期に日本軍に大同号を献納したためであろう。しかし、これら文献での解放後の張志弼についての記述は誤りである。張志弼は、一九五〇年代半ばに李《イ》承晩《スンマン》政権に対抗できる革新野党をめざす進歩党の結成に参与したことが確認できるからである。一九五五年一二月、進歩党結成推進委員会が組織されたとき、張志弼はその委員の一人となり、翌年一一月には進歩党総務委員会議長にも選ばれている（朴己出『韓国政治史』民族統一問題研究院、一九七五年）。

しかし、一九五八年に進歩党代表の曺奉岩《チョボンアム》らが「北朝鮮スパイ」容疑で検挙・起訴された進歩党事件の被告人名簿には張志弼の名前がない。張志弼は同年夏頃に死去したようである。同年九月一二日『朝鮮日報』の記事は、金炳魯《キムビョンノ》（もと韓国大法院長）ら三一人が、「抗日闘争と階級打破に全力献身した故平定張志弼先生」の墓碑をその旧宅に建立するために一〇〇〇ファンの醵金《きょきん》を集めることとし、連絡先はソウルの清涼《チョンニャン》里《ニ》洞山一番地の張泳在《チャンヨンジェ》宅とすることを伝えている。「平定」は張志弼が植民地期から使っていた号である。

張泳在は張志弼の息子で、一九六〇年代半ばに衡平社の精神を引き継ぐ「平友会」を組織した。平友会は一九六六年に団体登録が取り消されたが（『朝鮮日報』一九六六年八月一八日）、張泳在は一九七五年に畜産企業組合中央会会長に就任したことが確認できる（『東亜日報』一九七五年九月一九日）。張志弼の遺族が畜産業にかかわり続け、そのなかで衡平運動の精神を引き継ごうとしたのではないかと思われる。

現在、晋州を中心とする地域で、衡平運動の歴史を人権確立のためのたたかいとして評価し、その精神を継承する動きが大きくなりつつある。二〇二三年四月に衡平社創立一〇〇年を迎えて、その動きはさらに大きくなることが期待される。

参考文献

池川英勝「大同社・衡平社について――一九三五年から四〇年まで」(『朝鮮学報』第一七六・一七七輯、二〇〇〇年一〇月)
高宗錫「差別なき社会を築くために――姜相鎬」(ハンギョレ新聞社編(高賛侑訳)『山河ヨ、我ヲ抱ケ』(上)、解放出版社、一九九三年)
高宗錫「被差別者の手にかかげた衡平の旗――張志弼」(ハンギョレ新聞社編(高賛侑訳)『山河ヨ、我ヲ抱ケ』(上)、解放出版社、一九九三年)
竹森健二郎「植民地朝鮮における衡平社と大同社の活動――『朝鮮衡平運動史料集』を中心にして」(『佐賀部落解放研究所紀要』第三四号、二〇一七年三月)
水野直樹「戦時期・解放後朝鮮における皮革統制と衡平運動関係者の活動」(『部落解放研究』第二一四号〈部落解放・人権研究所〉、二〇二一年三月)

コラム●「白丁」の消滅

金仲燮

今日の「白丁」の残滓

今日、韓国で「白丁《ペクチョン》」（以下、白丁）の存在を把握しようとするとき、いくつかの方策が考えられる。そのなかでは、集団居住地、職業による把握や戸籍、系図といった血縁関係による把握が確実なものであろう。しかしこれらの方法では、いまや身分を把握することができない。韓国現代史の急激な変動の過程で白丁の集団居住地は解体され、身分と職業の連関性は消え、戸籍や系図による身分確認は不可能になったからだ。このような変化は、次の三つの時期にとくに急激に起こった。

一つ目は、日本の植民地支配末期から解放直後にかけての人口の大移動である。植民地時代末期、生存のために職を求めて多くの人が故郷を離れた。「満洲」に移動した流民や大都市に流入した貧民が急激に増えた。また、慰安婦や徴用労働者として動員されたケースも多かった。正確な数値は把握されていないが、一九四五年の時点で、日本各地に移住した二〇〇万人をはじめ、中国に一七〇万人、ソ連に二〇万人、その他アメリカに三万人など、約四〇〇万人が故国を離れていた。これは、当時の人口二五〇〇万人のうち一五％を超える数字である。そのうちの多くが植民地支配から解放されても故郷に帰ることはできなかった。

第二に、一九五〇～五三年の朝鮮戦争の期間に「民族大移動」が起こった。植民地支配からの解放後、南北分断が固定化すると、多くの人びとが政治的迫害を避け、生存のために故郷を離れたため、離散家族も多く発生した。植民地支配からの解放当時、朝鮮半島南部の人口は約一六〇〇万人だったが、朝鮮戦争後の一九六〇年には二五〇〇万人にまで増えた。北からやってきた「避難民」の定着村が韓国各地にできた。自《おの》ずと地域共同体のようすや性格が大きく変わり、身分の把握が難しくなり、身分に関係なく日常生活の交流がおこなわれるようになった。

第三に、一九六〇年代以降、急激な産業化と都市化が進むにつれ、都市移住者が大きく増加した。一九六〇年は人口二五〇〇万人のうち都市居住者は四〇％以下だったが、その後の都市域の拡大もあって、一九七〇年には三二〇〇万人のうち五〇％、一九八〇年には三八〇〇万人のうち七〇％、一九九〇年には八〇％に増えた。農村人口が大きく減り、地域共同体の結束力が弱まるなかで、新たに形成された都市で身分的背景は社会関係の形成に影響することはなくなった。しかも、西洋の文物が広まるにつれ、伝統文化と慣習は急速に消え去り、身分的背景はもはや社会的交流の基準にはならなかった。

産業化にともなう職業構成も大きく変わった。農林漁業の第一次産業従事者は一九七〇年に全人口の五〇％、一九八〇年三四％、一九九〇年一八％、二〇〇〇年一〇％と大幅に減り、第二次産業従事者人口は一九七〇年一四％、一九八〇年二二％、一九九〇年二七％、二〇〇〇年二〇％だったが、第三次サービス産業人口は一九七〇年三五％、一九八〇年四三％、一九九〇年五四％、二〇〇〇年六八％と大きく増加した。

産業化の過程で、昔の白丁が就いていた職業の従業員構成も大きく変わった。統廃合と近代化により屠畜場の数が大幅に減る一方で、肉食が盛んになって精肉店の数が大幅に増え、大資本が皮革加工産業に進出した。屠畜場での労働、肉屋の経営、皮革製造加工業など伝統的な社会における白丁の職業は、もはや白丁子孫が専門におこなう固有の領域ではなくなった。従事者の身分を把握することは不可能になったが、それはこれら産業の現場に非白丁出身者の流入が大きく増えたからである。その背景には「職業に貴賤《きせん》はない」という認識が広がるとともに、資本主義の影響の下で経済的収益が職業選択の主な基準として作用する風潮が広がったことがある。

一方で、伝統的な職業を捨てて転業する白丁の子孫が大幅に増えた。農業労働者・小作農、あるいは日雇い労働者になったり、肉を利用して飲食店を開業したりした。転業した人びとが既存の従事者と混ざり、身分の把握はいっそう難しくなった。

白丁差別の慣習

今日、韓国で白丁は身分集団としてはもはや存在しない。自らが白丁の子孫だと名乗る人を見ることもない。朝鮮時代の支配層である両班《ヤンバン》の子孫は、あからさまに身分的背景を強調するが、賤民《チョンミン》の子孫はそうではないからだ。このような状況では白丁に対する差別は起こり得ないといえる。差別は加害者と被害者が存在するときに起きるが、白丁の存在が把握されない状況で白丁の差別が起こるということは、それ自体が矛盾である。実際に近年、白丁差別の事例は報告されていない。

では、白丁は、韓国人の意識世界から完全に消えたのか?　答えは否《いな》である。「両班」と「常奴《サンノム》」を区別する前近代的な考え方が存在する限り、賤民集団として差別されてきた白丁に対する偏見や先入観はなくならない。日常生活では白丁に対する差別行為は起こらないとしても、差別意識が残っているのを見ることがある。

白丁は賤民集団であるという認識が観念のなかに残っている状況で、差別と賤待（冷遇を受ける）の否定的イメージはなかなか消え去らない。たとえば、殺戮《さつりく》者を非難するとき、動物の命を奪う作業のイメージを利用して「白丁のような人間」「人間白丁」と表現する。朝鮮社会における白丁の状況を正しく認識し、「白丁」の呼称に反対して差別撤廃と平等待遇を要求した衡平運動の歴史を理解すれば、そのような表現は許すことのできないものである。ところが、いまだに白丁に対する差別意識が残っているため、そのような過ちを犯すのである。このような状況のせいで、白丁の子孫たちは先祖の身分を隠すことになる。衡平運動に参加した祖先を持つ者も被害者の意識から脱することができず、衡平運動の歴史に誇りを抱くことができないと推測される。

それでは、日常生活において白丁の差別の慣習はいつまで残っていたのだろうか？　衡平運動の展開にもかかわらず、一九六〇年代まで、とくに農村や小都市で白丁差別を目撃したと証言する高齢者が多くいる。明確に区分することはできないが、産業化と都市化が急激に進んだ時期まで身分差別の遺習が残っている状況で、言語や行動によって昔の白丁を見下し差別する習慣が存在していたのである。

衡平運動の痕跡

一九四〇年代初め、大同社《テドンサ》は活動を中止し、自然に消滅したものと思われる。一九四五年日本の植民地から解放されたが、衡平運動はふたたび起こらなかった。社会が激変するなかで身分慣習は急速に消え、昔の白丁は集団のアイデンティティを維持する必要がなかったのである。一九六四年にソウル牛耳《ウイ》洞に張志弼《チャンチピル》の息子張泳在《チャンヨンジェ》ら衡平社員の子孫が集まり、仮称「平友社」発起人会を開いたという写真資料が残っているが、常設の組織として発展した形跡はない。

白丁の固有産業は、今日では多様に分化している。細分化された屠畜業や畜産加工業は、昔の白丁と関係があるとはいえない。一方、食肉販売営業者の親睦と権益伸張のために組織された畜産企業中央会は、衡平社との関連性を掲げている。ホームページの沿革には、一九〇九年の集成組合（食肉販売業者の組合）から始まり、衡平社、大同社へと続いたと記録している。植民地支配からの解放後、一九四七年にソウル集成組合連合会が創立され、翌一九四八年四月二五日には全国食肉業組合連合会が結成されたとも記されている。この食肉業組合連合会は、一九五二年に韓国畜産企業組合連合会に改称されるなど変化を経験し、一九九六年に畜産企業中央会と改称されて今日まで全国組織の連合体を維持してきた。しかし、職業集団であり利益集団であるこの団体が、衡平運動を継承するものだとか、昔の白丁集団に類似するものだとか考えられる根拠は見出せない。

（翻訳・水野直樹）

コラム●現代韓国の「白丁」認識

徐知延・徐知伶

私たち姉妹は、二〇年前日本に留学し、日本の被差別部落の歴史や水平社、韓国の「白丁《ペクチョン》」の歴史や衡平《ヒョンピョン》運動について勉強するようになった。博士学位を取得後、韓国釜山《プサン》に帰って、引き続き「白丁」身分と衡平運動について研究している。日韓の歴史研究をしているとよく聞かれる質問は、「昔厳しかった「白丁」出身者・「白丁」身分に対する差別・偏見はなくなったのか」とか「現在の韓国社会には身分差別があるのか」などであって、私たちもそのような質問に明確な答えをすることが難しいと感じている。現在の韓国では「白丁」出身者に対する偏見や差別はすでに消滅しているという見方が大勢を占めているが、果たしてそのように断定できるのであろうか。私たちは二つの方法によって、旧「白丁」身分出身者に対する偏見や差別の存在について調査した。

一つは、一〇〇人の韓国人に旧「白丁」出身者に対する偏見や差別意識の有無についてインタビューをおこなうことである。朝鮮時代の「賤民《チョンミン》」階層である「白丁」身分について質問するとともに、旧「白丁」出身者に対する偏見や差別が消滅していると思うかを質問した。二つ目は、インターネット上ではどのように「白丁」身分が理解されているのか、旧「白丁」出身者に対する偏見はあるのか、どんな状況で「白丁」という単語を使っているのかについて調べた。

一〇〇人に聞いてみた！

一〇〇人に、「問（1）朝鮮時代の「白丁」身分は身分制度の撤廃後も他の身分とは違って厳しい差別を受けました。特に旧「白丁」出身者だけがきつい差別を受けた理由は何だと思いますか。どうして彼らは差別を受けたのでしょうか」、「問（2）現在韓国社会のなかで、旧「白丁」出身者に対する偏見や差別意識がいまだに残っていると思いますか」の二つの質問をして自由に答えてもらう方法をとった。

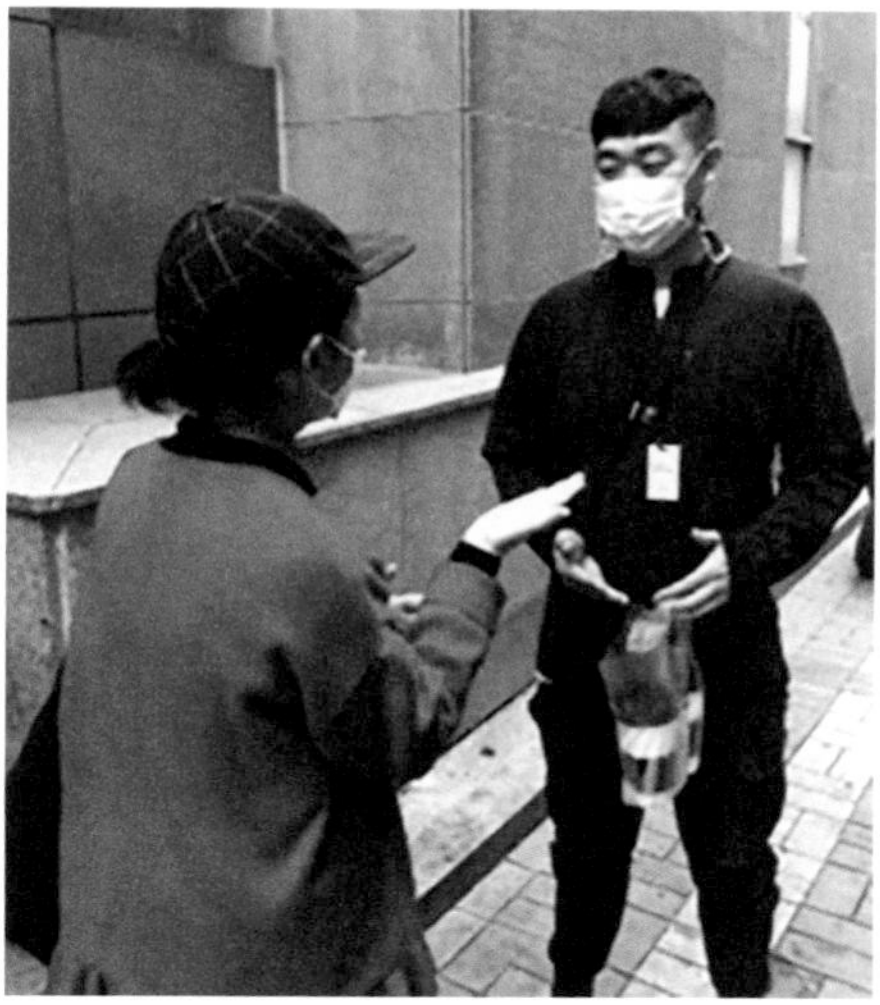

街頭でのインタビュー

調査時期は二〇一九年八月から二〇二一年一月までで、調査地域は釜山を中心におこなった。釜山にある図書館と中学・高校・大学、教会、病院を訪問しインタビューをおこなった。釜山以外の地域ではソウル、仁川《インチョン》、慶尚南道昌原《チャンウォン》で会った人にインターネットメールや郵便を利用して質問紙を送り、電話とラインを通じてインタビューをおこなった。

年齢別・男女の構成は一〇代五人（男性二人、女性三人）、二〇代二一人（男性一三人、女性八人）、三〇代一四人（男性一〇人、女性四人）、四〇代三一人（男性一〇人、女性二一人）、五〇代一

四人（男性三人、女性一一人）、六〇代九人（男性三人、女性六人）、七〇代六人（男性三人、女性三人）である。一〇〇人中、男性は四四人、女性は五六人だった。職業別構成は一〇代は中学生二人、高校生三人、二〇代は大学生と会社員、三〇代は全員会社員、四〇代の男性は全員会社員、五〇代の男性は会社員二人と教員一人で、女性は全員主婦である。六〇代と七〇代は男性教員二人以外は全員無職と主婦である。

質問は複数回答式であって、個々の意見も詳しく書いてもらった。問（1）の答え（全部で四八の意見）は、内容的に同じものがあり、まとめてみると五つのグループ（①身分、②差別観念、③職業、④経済・生活環境、⑤異民族）に分かれた。「白丁」が差別された理由については、①「一番低い階層・身分だから」という答えが一四人で、次に「朝鮮時代に「賤職」に従事したから」と答えた人が八人、「社会は変わったが、身分制度は相変わらず存在しているので」と答えた人が六人だった。②「昔から「白丁」に対する固定観念が残っているので」と答えた人が六人だった。③「「屠畜」業者だから」と「「白丁」の職業のせいだ」と答えた人が七人ずつ、「命を扱う仕事をしていたので」と答えた人が六人で、「手が血まみれになってしまう職業に従事したので」と「動物を殺す職業に従事したので」と答えた人が五人ずつだった。④「お金（財産）がないので、生活環境は昔のままなので」と答えた人が三人、⑤「朝鮮時代は農業社会で、「白丁」は北方の遊牧民なので差別されたと思う」と答えた人が四人だった。それ以外にも三九の意見が出ているが、全体の四八％以上が「屠畜」業にかかわる意見で、ほとんどが「白丁」の職業に対してマイナスイメージや職業差別のような偏見や差別意識を持っていることがわかる。

続いて問（2）の答えは、「ある」と答えた人は七一人である。男性は二七人（一〇代二人、二〇代七人、三〇代四人、四〇代八人、五〇代二人、六〇代三人、七〇代一人）で、女性は四四人（一〇代三人、二〇代六人、三〇代三人、四〇代一七人、五〇代八人、六〇代四人、七〇代三人）が「ある」と答えた。そして、「ない」と答えた人は一五人（男性六人、女性九人）で「よくわからない」と答えた人は八人（男性七人、女性一人）、「興味がない」という答えは六人（男四人、女性二人）だった。

「偏見や差別意識がある」と答えた七一人にその理由も書いてもらったが、一〇代から七〇代までさまざまな意見があり、そのなかで男性は「職業に貴賤があると考えている」という答えが、女性は「お金をどれだけ稼ぐかによって知らず知らずのうちに差別が存在していると思う」という答えが多かった。また男性の場合は、「目には見えないが、身分に対する差別・職業に対する差別は永遠になくならない」と答えた人が三人で、「社会的地位のある人とない人の暮らしの質は違うので、財力によって暮らしの質を決めつける尺度になると信じているので、いまだに偏見は存在している」と答えた人が二人だった。女性の場合は「公然たる差別はなくなっているが、学歴や社会的地位などによって人びとは区別されて差別をしていると思う」と「職業に貴賤があると思う」と答えた人が五人ずつあった。これらの答えからわかることは、職業は経済生活と財産、社会的地位などと関係があるという考え方である。言い換えれば、現代の韓国社会は朝鮮時代に比べると職業に対する差別意識は薄くなっているが、最上位の職業だといわれている医者・弁護士などが存在しているので、職業に対する差別意識が一定程度存在していると考えられる。

ところが、「ない」と答えた一人の七〇代の男性は「現代の韓国社会は、職業の貴賤はなくなっており、お金をたくさん稼ぐ人は権力と富を享受できる社会となっている」という意見、三人の五〇代の女性は「職業は自分自身ががんばれば変えられる社会となり、さまざまな分野でいろいろな職業ができており、職業差別というそのものに意味がない」という意見を述べている。また「ない」と答えた一人の六〇代の女性は、「(「白丁」について)聞いたことがない」と答えた。

インターネット上での調査

現在の韓国人は学校で必修科目として「韓国史」を学んでいるが、最近の小・中・高・大学の学生たちは書物や学校での暗記中心の歴史の勉強ではなく、さまざまな評価方法にもとづく自主的な学習を通じて歴史を学ぶ場合が多いようだ。とくに、歴史教科書の内容を面白くてわかりやすく説明している無料の教育プログラムを、ＥＢＳ教育放送やユーチューブ(YouTube)などで視聴することができる。私たちはユーチューブで朝鮮時代の「白丁」身分についてどのように説明しているのか、そして「白丁」身分に関してどのようなテーマと内容で動画がつくられているか、またその動画を見てどのように考えているのかについて調べた。話題になっている動画やユーチューブの再生回数上位の人気動画を調査し、その動画を見た人たちのコメントをまとめてみた。

まず、「白丁」身分について北方異民族出身だと強調する内容の動画が三つあった。①「[歴史]朝鮮時代の「白丁」の秘密(再生回数三一五万回)」、②「[昔の職業]朝鮮時代の外国人労働者「白丁」(再生回数七四万回)」、③「「白丁」は外国人だった?「白丁」に関するすべてのもの(再生回数一五万回)」である。次に朝鮮時代から一九〇〇年代までの史料や新聞記事などに表れている「白丁」身分に対する差別に関する内容の動画が二つあった。そのタイトルは、①「[夜史ＴＶ]皆見ている時に〇〇が脱がされた! 朝鮮時代の「白丁」が受けたこと/天日夜史チャンネルＡ(再生回数九二万回)」、②「朝鮮時代、人びとにもてあそばれた「白丁」の妻と娘が経験した悪習(再生回数八五万回)」である。また、『朝鮮王朝実録』などの史料に書かれている記録を取り上げて「白丁」身分の職業について説明している動画は、カン・ムンジョン氏（済州大学校教授）の「「白丁」はもともと北方から来た外国人だった？平凡な百姓「白丁」はどうして朝鮮の最下位層になったのか。［朝鮮ＪＯＢ史ＥＰ．〇二］（再生回数七・四万回）」というタイトルである。それ以外にも「白丁」出身者と職業に関する動画「歴史チャンネルe-The history channel e――そっぽを向かれた真実、「白丁」（再生回数一四万回）」もあった。歴史を扱ったものではないが、League of Legendsという人気ゲームのルールを説明している動画では、登場人物JUNGLEは敵を攻撃し殺す役割なので、いちばん必要であると同時に最も嫌われることから、「白丁」と呼ばれていると説明している。

これらの動画には三つの共通点が見える。①朝鮮時代の社会的不安を起こした主犯は「白丁」身分であること、②動画のなかで使われているイメージ資料は髪の量が多いうえにヒゲももじゃもじゃしていて怖い表情の写真を使っていること、③大柄で刀や武器を持っていて身なりが乱れている人のアニメである。ところが、朝鮮の被差別民「白丁」の存在はそれに関する文献はあっても、実際にどのような姿をしていたかイメージでとらえられる史料や写真がほとんどない。動画の「白丁」イメージは、故意につくられたものといえる。

次に上記の動画を見た人の書き込んだコメントを調べて、「いいね」が多かったコメントを紹介する。「どの時代でも差別がひどくなると、その国家社会は崩れると思う」というコメントが七三票、「人は皆平等である。人はどうして偏見を持つのか悩むべきである」というコメントが四〇票、「このような動画を見るたびに正しい歴史はどこで学ぶべきなのか……。歴史を勉強すればするほど、歪曲《わいきょく》された歴史が多いことに気がつく。とくに歴史教科書を見ると、そのような感じがする」というコメントが九票だった。それ外にも上記の一〇〇人のインタビューの結果に見られる①身分、②差別観念、③職業、④経済・生活環境、⑤異民族に関するコメントと同じような意見も見ることができた。

以上、一〇〇人のインタビューおよびインターネット上での調査をおこなって、現在における韓国人の旧「白丁」出身者に対する意識状況について調べてみた。現在韓国には「白丁」身分は存在しない。しかし、「白丁」身分・「賤民」身分に対する差別意識と「屠畜」「屠畜業」に関する職業差別は存在している。言い換えれば、「白丁」身分・「屠畜」業に対するマイナスイメージが見られることから、旧「白丁」出身者に対する偏見が今も残っているのではないかと考えられる。「白丁」身分に対する歴史教育や「賤民」身分の研究が不十分であることがその背景にあると思われる。

私たちは「白丁」の歴史や衡平社の研究を通じて本当の身分解放とは何かを考えていきたい。韓国に「白丁」が存在するかどうかという問題より、身分差別とは何かを考え、正しい歴史観を養い人権について考えることが大切ではないかと、私たちは思う。

コラム●韓国との人権交流の歩み

友永健三

「白丁」、衡平社をテーマとした交流の開始・拡大

朝鮮の被差別民「白丁《ペクチョン》」とその解放運動である衡平社《ヒョンピョンサ》をテーマに、一般社団法人部落解放・人権研究所（以下、研究所）と韓国の研究者との交流が始まったのは、一九八八年四月のことである。

きっかけは、青丘文化ホール主宰の辛基秀《シンキス》さん（故人）がソウルで金永大《キムヨンデ》著『衡平』（松山出版社、一九七八年）を見つけられ、研究所で翻訳出版をしてはどうかと提案されたことであった。研究所創立二〇周年記念事業として翻訳出版すること、職員一同で韓国を訪問し金永大さん（故人）と交流することが決まり、同年四月、韓国・清州《チョンジュ》で金永大さんと面談した。

同年七月、第一〇回全国部落解放研究者集会で金永大さんに「「白丁」と衡平運動」をテーマに特別報告をしていただいた。また、この集会に向けて、金永大著、『衡平』翻訳編集委員会編訳『朝鮮の被差別民衆――「白丁」と衡平運動』を解放出版社から発刊した。

次の交流の機会は、アメリカのニュージャージー州立ウィリアム・パターソン大学教授の林淳萬《リムスンマン》さん（故人）によってもたらされた。林淳萬さんは、一九九一年夏に衡平社が創立された晋州《チンジュ》を訪問し、慶尚大学校教授で当時、韓国でただ一人の衡平運動研究者であった金仲燮《キムチュンソプ》さんと一九九三年の衡平社創

衡平運動 70 周年記念国際学術会議
（1993 年 4 月、慶尚大学校／韓国・晋州市）

立七〇周年記念事業について話し合われた後、大阪の研究所に立ち寄られ、韓国訪問について報告をされた。研究所では、一九九三年二月に金仲燮さんを招いて講演会を開催するとともに、衡平社創立七〇周年記念事業に参加することになった。

同年四月、晋州の慶尚大学校において開催された衡平社創立七〇周年記念国際学術会議に研究所から二七人が参加した。この会議のテーマは「衡平運動の現代的照明」で、発表者は八人（韓国四人、日本二人、イギリス一人、アメリカ一人）であった。国際学術会議の翌日に開催された記念集会では、金永大さんの記念講演もおこなわれた。これらの内容を収録した報告書が日本と韓国で発行された。

また、同年六月には大阪人権歴史資料館（現在の大阪人権博物館）で七〇周年記念企画展「衡平社と水平社——朝鮮と日本の反差別運動」を開催するとともに、同名の冊子を刊行して、各種の図版と関係資料を収録した。この冊子は、その後二〇年ほど衡平運動を知るための基本文献として利用された。

先に紹介した国際学術会議での質疑応答のなかで、韓国における「白丁」差別の実態、とくに結婚にかかわる意識調査の結果について話された農民作家・鄭棟柱《チョントンジュ》さんを知ることとなったが、翌年の一九九四年六月、鄭棟柱さんを第一六回全国部落解放研究者集会にお招きし講演をしていただくとともに、「白丁」をテーマにした小説の執筆を依頼した。一九九七年二月に、鄭棟柱著（根本理恵訳）『神の杖』が解放出版社から発刊されたが、これは「白丁」出身の三人の女性を主人公にした小説である。

一九九六年一二月には、韓国・晋州の晋州城正門前の広場に衡平運動記念塔が建立されたが、その記念式典には日本からも研究所を中心に一七人が参加した。

その後、二〇〇三年四月に韓国・晋州の慶尚大学校で衡平社八〇周年記念国際学術会議が開催された。テーマは「グローバル時代の人権」で、日本側四人、韓国側四人が報告した。この会議の内容を収録した報告書は日本と韓国で発刊された。

衡平運動記念塔の除幕式
（1996年12月、韓国・晋州市）

同時期に、衡平社創立八〇周年・研究所創立三五周年記念出版として金仲燮著・姜東《カントン》湖《ホ》監修（高正子訳）『衡平運動――朝鮮の被差別民・白丁《ペクチョン》 その歴史とたたかい』が解放出版社から発刊された。

その後、二〇〇四年二月、第二四八回国際人権規約連続学習会に晋州五広大保存会代表で慶尚大学校教授の鄭炳勲《チョンビョンフン》さんをお招きし、仮面劇が持つ現代的な意義を講演していただき、四月には大阪市住吉区と和泉市で晋州五広大による仮面劇「白丁」の公演がおこなわれた。

一九八〇年代後半からこの時期まで取り組まれた交流の成果としては、日本の部落問題や部落解放運動が日本固有のものとされていたが、隣国の韓国にも類似の問題や運動があったとの理解が日本国内である程度広まっていったこと、日本の研究所と韓国の衡平運動記念事業会との連携が開始され継続されていったことがあげられる。一方、「白丁」の歴史や現状、衡平社の運動の歩みに関する研究が限られていたため、史料や現状を踏まえた本格的な研究が今後の課題となっていた。

「白丁」、衡平社をテーマとした交流の深化

衡平社創立九〇周年にあたる二〇一三年四月、研究所内に衡平社史料研究会〈共同代表・秋定嘉和〈京都部落問題研究資料センター所長〉、金仲燮〈慶尚大学校人権社会発展研究所所長〉〉が設置され、衡平運動の研究に新たな段階をもたらした。そのきっかけをつくったのは、衡平運動史研究者の徐《ソ》知伶《チリョン》さんが二〇一一年に桃山学院大学に提出した博士論文である。同論文の意義は、かつて朝鮮総督府の京城地方法院検事局が保存し、現在では韓国国史編纂委員会が所蔵している史料を、衡平運動研究に初めて活用した点にあった。

この研究会には一五人〈日本側一二人、韓国側三人〉が参加して二〇一五年度まで続けられ、二〇一六年四月、部落解放・人権研究所 衡平社史料研究会編、金仲燮・水野直樹監修『朝鮮衡平運動史料集』が解放出版社から刊行された。この史料集には、主としてソウル〈当時の京城〉にあった鍾《チョン》路《ノ》警察署が作成した文書が収められた。

二〇一五年一一月には、韓国・晋州で慶尚大学校主催の国際学術会議が開催された。テーマは「衡平運動を再び考える」で、日本側六人、韓国側五人からの報告があった。

二〇一六年四月に衡平社史料研究会は、朝鮮衡平運動史研究会（共同代表：水野直樹〈京都大学名誉教授〉、金仲燮〈慶尚大学校名誉教授〉）に改組された。研究会を改組・継続することとなった経緯としては、『史料集』の編集・校正作業の最終段階で、新たな史料が国史編纂委員会に所蔵されていることが判明したことである。この研究会には一八人（日本側一四人、韓国側四人）が参加し、二〇二一年二月、部落解放・人権研究所　朝鮮衡平運動史研究会編、金仲燮・水野直樹監修『朝鮮衡平運動史料集・続』が解放出版社から刊行された。『史料集・続』には、①衡平運動の展開や活動家などに関する重要文書、②衡平運動の全体像を明らかにした基礎史料、③衡平社の活動を伝える新聞・雑誌の記事、④衡平社と水平社の交流・連絡を示す各種史料などが収録されている。これらの史料集を利用した多数の論文が研究所の紀要『部落解放研究』にすでに発表されている。

周知のように戦前の水平社と衡平社の関係者による交流・連帯は、さまざまな制約のために深められることなく中断したが、一九八八年四月以降、研究所を中心に積み重ねられてきた「白丁」や衡平社をテーマにした日本と韓国の研究者レベルの交流・連帯は継続し、深化してきている。この交流・連帯が全国水平社と衡平社の創立一〇〇年を機に、一層の深化がなされることを願っている。

コラム●衡平社と水平社の交流記録が「世界の記憶」に

駒井忠之

二〇一六年、水平社博物館（奈良県御所市）が申請した「水平社と衡平社　国境を越えた被差別民衆連帯の記録」が、アジア太平洋地域「世界の記憶」に登録された。

「世界の記憶」はユネスコが主催する事業のひとつで一九九二年に創設された。その目的は、世界的に重要な記録遺産の保存を最も相応しい技術を用いて促進すること、重要な記録遺産になるべく多くの人がアクセスできるようにすること、加盟国における記録遺産の存在および重要性への認識を高めることとされている。「世界の記憶」の対象となる資料は、手書き原稿、書籍、新聞、ポスター、地図、絵画、楽譜、映画・フィルム、写真など幅広く、フランス人権宣言や朝鮮通信使の関係資料、アンネの日記などが登録されている。

登録には国際、地域、国内の三つの種類があるが、ユネスコはこの三つの登録の基本的な相違点について、当該ドキュメント遺産が影響を及ぼす地理的範囲の大きさと説明している。また、三種類の登録は上下関係ととらえられるべきではなく、すべての登録物件は世界的な価値があるとしてユネスコが認証するドキュメント遺産であるとしている。世界では現在、四二九件（二〇二二年一二月現在）の国際登録があり、日本の登録は国際七件、地域一件となっている。

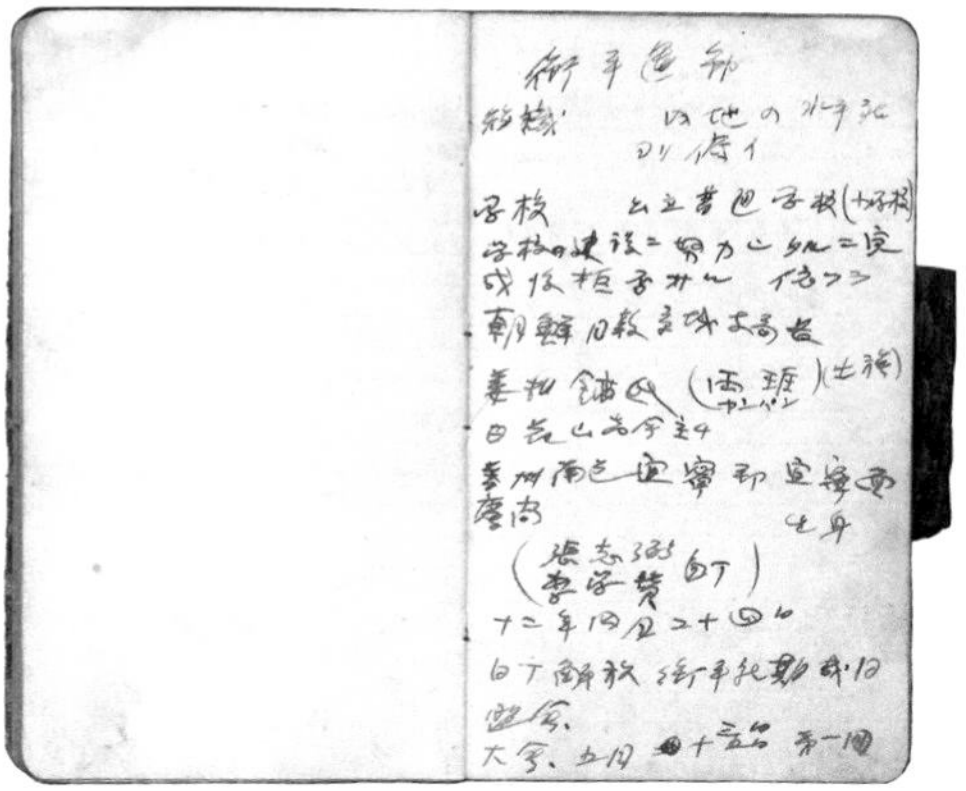

米田富手帳（1924 年）（水平社博物館蔵）

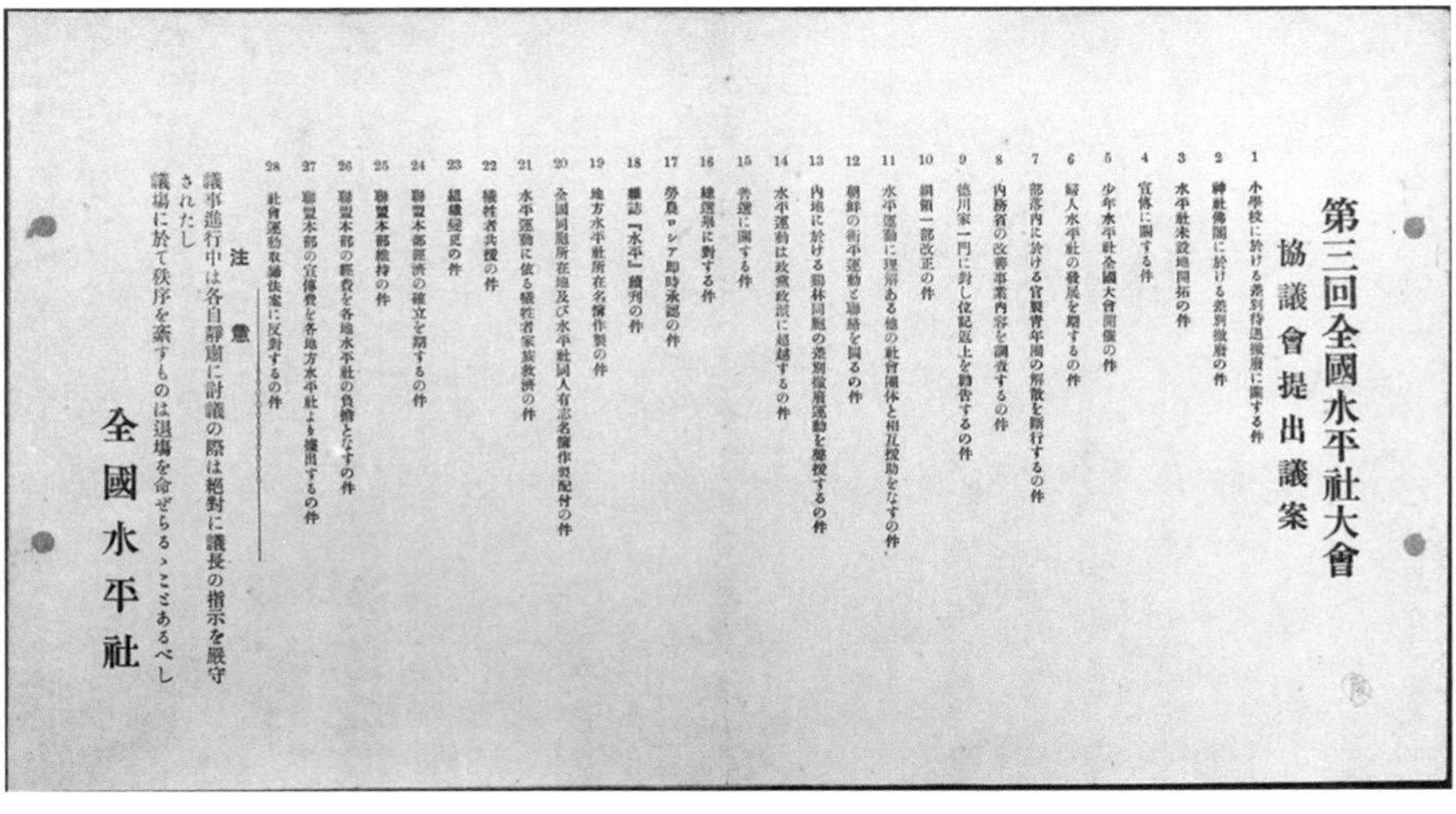

第三回全國水平社大會
協議會提出議案

1 小學校に於ける差別待遇撤廢に關する件
2 神社佛閣に於ける差別撤廢の件
3 水平社未設地開拓の件
4 官僚に關する件
5 少年水平社全國大會開催の件
6 婦人水平社の發展を期するの件
7 部落内に於ける官製青年團の解散を斷行するの件
8 内務省の改善事業内容を調査するの件
9 德川家一門に對し位記返上を勸告するの件
10 綱領一部改正の件
11 水平運動に理解ある他の社會團体と相互援助をなすの件
12 朝鮮の衡平運動と聯絡を圖るの件
13 内地に於ける鷄林同胞の差別撤廢運動を聲援するの件
14 水平運動は政黨政派に超越するの件
15 普選に關する件
16 總選擧に對する件
17 勞農ロシア即時承認の件
18 雜誌『水平』續刊の件
19 地方水平社所在名簿作製の件
20 全國同胞所在地及び水平社同人有志名簿作製配付の件
21 水平運動に依る犧牲者家族救濟の件
22 犧牲者共援の件
23 組織變更の件
24 聯盟本部經濟の確立を期するの件
25 聯盟本部維持の件
26 聯盟本部の經費を各地水平社の負擔となすの件
27 聯盟本部の宣傳費を各地方水平社より據出するの件
28 社會運動取締法案に反對するの件

注意

議事進行中は各自靜肅に討議の際は絶對に議長の指示を嚴守されたし
議場に於て秩序を紊すものは退場を命ぜらるゝことあるべし

全國水平社

第３回全国水平社大会協議会提出議案（1924 年３月）（水平社博物館蔵）

議案 12「朝鮮の衡平運動と連絡を図るの件」、議案 13「内地に於ける鶏林同胞の差別撤廃運動を声援するの件」がともに可決された水平社博物館が申請していた「水平社と衡平社　国境を越えた被差別民衆連帯の記録」は、ベトナムのフエで二〇一六年五月に開催されたMOWCAP（アジア太平洋地域ユネスコ「世界の記憶」委員会）総会で、アジア太平洋地域「世界の記憶」に登録された。日本の被差別部落民が創立した全国水平社と、日本の植民地支配下にあった朝鮮の被差別民「白丁《ペクチョン》」が中心となり創立した衡平社《ヒョンピョンサ》は、厳しい差別のなか人間の尊厳を求めて一九二四年から交流を始め、連帯を模索した。その後も両社はそれぞれの全国大会に代表を派遣するなど交流を続けたが、特筆すべきは、衡平社に対する差別事件を全国水平社が指弾するまでにその交流が深まりを見せたことである。

「世界の記憶」に登録された次の史料は、水平社博物館で展示されている。

「水平社と衡平社　国境を越えた被差別民衆連帯の記録」

①第三回全国水平社大会協議会提出議案

全国水平社が衡平社との連携を正式かつ最初に提起したのは一九二四年三月三日の第三回全国水平社大会で、群馬県水平社から「朝鮮の衡平運動と連絡を図るの件」として提案された。「朝鮮には被差別階級たる白丁がある。彼等は一般の朝鮮人から差別の待遇を受けている。彼等は衡平社を組織したのである。衡平社の綱領は水平社の綱領に似ておる。我々は衡平社と連絡をとりたい」と説明されたこの議案が可決され、全国水平社と朝鮮衡平社の交流が開始された。

②米田富手帳（一九二四年）

全国水平社創立者の一人である米田富は、衡平社の創立の過程について、旧白丁身分の人たちが学校建設のため尽力したが、完成後に子どもの入学が拒否されるという差別事件が起こり、姜相鎬《カンサンホ》、張志弼《チャンチピル》らが一九二三年四月に「白丁解放衡平社期成同盟会」を創立したと記している。

③米田富名刺（水平社同人 京都市上京区鷹野北町 全国水平社連盟本部）

早くから被差別マイノリティ解放の国際連帯に関心を持っていた米田富は、全国水平社創立年の一九二二年一二月におこなわれた大阪朝鮮労働同盟会の結成式に参加した。同月の関西朝鮮人連盟の結成にも尽力し、結成総会では祝辞を述べた。

④「衡平社趣意書」（大島水平社機関誌『火箭』第一号、全国統一社、一九二九年一月）

米田富の生地でもある奈良県五條町大島で発行された『火箭《ひや》』第一号には、衡平社主旨が少し変更され「衡平社趣意書」として掲載されている。衡平社創立から六年後に、奈良県の地方水平社の機関誌に衡平社主旨が掲載されたことは、水平社運動側からの衡平社運動への連帯の決意の表れといえる。

⑤猪原久重名刺

猪原久重《いはらひさしげ》は、一九〇四年、大分県生まれ。のちに全国水平社中央委員会議長となる福岡県の松本治一郎に影響を受け、大学を中退し朝鮮に渡った。一九二四年米田富手帳に「朝鮮京城府寿町二五　細川米蔵方　猪原久重」と記され、この時期「京城府（現在のソウル）」に住んでいたことが確認できる。張志弼の補佐をしていたともいわれている。

1934年　4月24日　第12回全国大会開かれる

12月28日　「衡平青年前衛同盟」事件の予審終結、14名が公判に付される

1935年　4月24日　第13回全国大会、名称を「朝鮮大同社《テドンサ》」に改める

1936年　1月11日　大同社臨時総会、本部を大田に移転することなどを決定

2月22日　大同社中央執行委員会で綱領に「国民精神の発揮」「階級の協調」を謳《うた》い、産業部設置、牛皮販売の統制を決める

3月20日　光州地方法院が前衛同盟事件被告13名に無罪、1名に有罪の判決

4月10日　大同社本部幹部の李聖順《イソンスン》・姜相鎬《カンサンホ》らが総督府警務局長と面談し、差別待遇の撤廃、食肉販売統制の緩和を要請

4月24日　大田で大同社全国大会が開かれ、食肉販売組合の組織などを決議。本部を大田に移す

11月21日　大邱覆審法院が前衛同盟事件被告に無罪判決

1937年　9月　張志弼らが軍用機献納のための寄附金募集を始める

1938年　7月8・9日　大田で大同社臨時総会を開き、「皇国臣民の自覚を明確にし国体を尊重する」との宣言を採択

7月9日　大田で大同号の献納式

8月26日　大同社幹部の張志弼ら1100円余りの献金を朝鮮軍に伝達

9月1日　朝鮮で牛皮などの使用統制実施

11月　大同社が原皮販売統制に反対し、独自の原皮仲買組合案を総督府・朝鮮軍に提出するも、無視される

1939年　2月　国策会社朝鮮原皮販売株式会社が設立

4月15日　朝鮮で皮革（原皮）の配給統制実施

4月24日　大同社の大会、大同社解体案を斥《しりぞ》け組織を維持することなどを可決

4月　原皮仲買人に張志弼らが指定される

1940年　春　朝鮮大同社を「朝鮮衡平社」に改称し、本部を釜山に移す

11月30日　大邱で衡平社中央執行委員会を開き、総督府主導の原皮仲買人組合結成反対を決議。その後の経過は不明

1942年　2月　朝鮮臨時保安令により衡平社組織が法的に消滅

＊　＊　＊　＊　＊　＊　＊　＊　＊　＊

1947年　4月25日　ソウルで全国食肉業組合中央連合会結成

1964年　4月5日　ソウルで張志弼の息子らにより平友会発起人会開催

作成・水野直樹、渡辺俊雄

1928年　4月20日　高麗革命党事件第一審で張志弼、趙貴用が無罪判決を受ける

4月24・25日　第6回全国大会、全国水平社代表徳永参二が出席・祝辞。水平社との提携を可決。分社制を支部制に改める

4月26日　衡平青年総連盟大会で解体を決議、衡平社内に青年部設置

5月26・27日　京都で全国水平社第7回大会開催、衡平社との提携議案は審議できず。出席した李東煥は警察に検束される

10月18日　高麗革命党事件第二審で徐光勲《ソクワンフン》に無罪判決、李東求《イトング》らは有罪

10月　京城の劇団光月団の演劇「孝烈歌」に白丁を侮辱する内容があるとして、衡平社本部が抗議。劇団側は謝罪

1929年　1月11日　忠清南道温陽《オニャン》で衡平産業株式会社創立総会が開かれる

4月24・25日　第7回全国大会。議案がすべて警察に押収される

5月1日　衡平社機関誌『正進』創刊号が発行される

12月3日　大邱で全国衡平大会開催

この年、差別による紛争事件が68件起こり、ピークとなる

1930年　3月13日　「衡平ニュース」第1号を発刊

3月21日　京城支部復興大会が開かれる

4月24・25日　第8回全国大会で張志弼ら主流派と朴好君ら非主流派の対立激化

12月11日　水原《スウォン》支部内の屠夫が面指定屠夫と対立して罷業

1931年　3月20日　水原支部で衡平社解消を提案

4月24・25日　第9回全国大会で幹部選挙をめぐって解消派が退場、解消案が否決される

9月2日　清州《チョンジュ》で衡平社忠清北道連合会開催

10月30日　衡平社臨時大会で道連合会の解体を決定

この年、衡平社支部数がピークを迎え、166を数える

1932年　4月13日　雑誌『東光』が白丁差別の文章を掲載したことに衡平社本部が抗議、東光社が謝罪

4月24日　第10回全国大会開かれる

1933年　1月以降　全羅南道光州《ファンジュ》警察署が各地衡平社の活動家100名以上を検挙する

2月15・16日　総本部臨時総会で沈滞支部を除籍

4月24日　第11回全国大会で同人共済会の組織などを決議

4月　本部会館を売却して債務を整理

7月31日　「衡平青年前衛同盟」事件で被疑者65名が送検される

1925年　8月4日　大田で全朝鮮衡平学友大会開かれる

8月10～13日　慶尚北道醴泉《イェチョン》郡で一般農民らが衡平社分社と社員住居を襲撃

これに対し、朝鮮各地の社会団体が衡平社を支援

8月22日　大阪の朝鮮水害罹災同胞救済大会で大阪府水平社・在日本朝鮮労働総同盟大阪連合会など11団体が醴泉で衡平社を襲撃した醴泉青年会などに抗議文を採択

9月2日　慶尚北道玄風《ヒョンプン》で農民数十名が衡平社員の家を襲撃

11月21日　京城東大門外の屠獣場で衡平社員の屠夫と食肉店経営者とが対立、格闘事件となる

1926年　2月17日　衡平社中央執行委員会が張志弼・呉成煥《オソンファン》を水平社に派遣することを決定

3月下旬　衡平社本部の張志弼・呉成煥が総督府警務局長に面談し、白丁差別事件、特に官公吏による差別に適切な措置をとることを要請

4月10日　晋州で衡平社慶尚南道連盟創立総会、「我らは人間性の原理に覚醒し、人類の最高理想に向かって突進す」などの綱領を採択

4月24日　第4回全国大会、道単位の支社を取り消し、郡単位の分社を置くこととする。「白丁」の言辞で侮辱する者は徹底糾弾すること、官公吏による差別の撤廃を要求することを決議

4月26日　衡平青年総連盟を設立

6月末　総督府の道知事会議で白丁への平等待遇と衡平運動の「善導」について総督が指示。ただし具体的措置は不明

9月25・26日　京城で衡平社臨時大会を開き、「人生は天賦不可離不可譲の自由がある」「蹶起《けっき》せよ！　衡平階級よ」などの宣言を採択。衡平社は白丁中心の組織とすることを決議

年末（または翌年初め）　栗須七郎『水平宣言』の朝鮮語訳が刊行される

1927年　1月　全四国水平社委員長の高丸義男が衡平社本部を訪問、提携について協議

1月　高麗革命党事件により張志弼、趙貴用《チョクィヨン》ら衡平社幹部が検挙される

3・4月　中央執行委員の李東煥《イトンファン》が渡日、京都・大阪などで全国水平社幹部らと会談

4月24日　第5回全国大会、名称を衡平社総本部とする。水平社との提携を保留

4月下旬　衡平社創立祝賀式で祝辞を述べた全九州水平社の松本清とともに渡日した衡平社員朴好君《パクホグン》・吉漢東《キルハンドン》が京都水平社の菱野貞次らを訪ねるも、成果なし

9月1日　全州《チョンジュ》で全羅北道衡平大会開催

9月30日　全江原道衡平大会発起会が開かれる

関連略年表

1894年　7月　甲午改革により「皮工」らが賤民《せんみん》身分から解放される

1896年　9月1日　戸口調査規則が公布され、「新式戸籍」の編製が始まる。「屠漢戸籍」の台帳がつくられる

1900年　この年、晋州《チンジュ》の白丁《ベクチョン》らが官庁に冠着用の許可を求めるなど差別撤廃の運動を起こす

1909年　4月1日　民籍法が施行され、本籍欄に戸主の職業として「屠漢」「獣肉販売」などの記載がなされる

1910年　1月　張志弼《チャンチピル》らによる慶尚南道屠獣組合結成が挫折

＊　＊　＊　＊　＊　＊　＊　＊　＊　＊

1923年　4月24日　晋州で衡平社《ヒョンピョンサ》期成会、25日発起総会

5月13日　衡平社創立祝賀式

5月21日　忠清道・全羅道の有志が忠清南道大田《テジョン》で衡平社南朝鮮大会を開催。各地で支社・分社の設置があいつぐ

5月24日　晋州で衡平社反対運動起こる（～6月18日）

6月23日　朝鮮総督府法務局長、戸籍の職業記載抹消を地方官庁に指示

8月14日　金海《キメ》で衡平社反対運動起こる（～9月24日）

11月7日　大田で衡平代表者大会開催、本社を晋州から大田に移転することを決議

1924年　2月10・11日　釜山《プサン》で衡平社全国大会開催、本社移転延期を決議

3月3日　全国水平社第3回大会で「朝鮮の衡平運動と連絡を図るの件」を可決

3月12日　忠清南道天安《チョナン》で衡平社革新同盟結成、皮革工場設置などを決議

3月13日　晋州で衡平青年会創立

4月24・25日　晋州と京城（現ソウル）で別々に衡平社全国大会・創立1周年祝賀式

8月15日　大田で衡平社統一大会を開き、朝鮮衡平社中央総本部を京城に置くことを決定。遠島哲男が出席

9・10月　大邱《テグ》支社の金慶三《キムキョンサム》が渡日、全国水平社幹部らと交流

12月　機関誌『衡平』創刊号が警察に押収される

1925年　1月10日　京城で衡平社の下部組織正衛団の創立総会

4月24日　第3回全国大会開催。屠畜場使用料金、牛肉販売価格など生活問題に関して決議。社会問題に関する討議は警察が禁止

6月1日　京城で屠夫組合を結成

図版出典（新聞を出典とするものは、それぞれの図版キャプションに記した）

p.12　安東府戸籍断片（1528年）／デジタル蔵書閣（韓国学中央研究院）https://jsg.aks.ac.kr/

p.20　蔚山郡屠汗戊戌戸籍表（1898年、表紙）／奎章閣原文検索サービス（ソウル大学校）https://kyudb.snu.ac.kr/main.do

p.21　「白丁部落」（慶州郡城東邑白丁部落）／朝鮮総督府編（善生永助著）『調査資料第40輯、生活状態調査（其7）慶州郡』（朝鮮総督府、1934年）

p.22　職業として「屠者」と記された民籍／水原光教博物館所蔵（韓国・水原市）

p.31　DVD-BOX『済衆院』（ワーナー・ホームビデオ）

p.39　衡平社主旨（1923年4月）／部落解放同盟中央本部編『写真記録 全国水平社六十年史』解放出版社、1982年

p.56　姜相鎬／大阪人権歴史資料館編刊『衡平社創立70周年記念 衡平社と水平社』、1993年

p.67　正衛団／平野小剣『朝鮮衡平運動』全関東水平社青年連盟、1927年

p.143　全国水平社第7回大会議案（原文）／大阪人権博物館蔵

p.143　墨ぬりされた全国水平社第7回大会議案／水平社博物館蔵

p.149　菱野貞次と李東煥／七条部落解放史研究会（準備会）編『七条部落解放史：近代編年表』部落解放同盟京都府連合会七条支部、1987年

p.162　朝鮮軍参謀部「朝鮮衡平運動ニ関スル考察」表紙（1924年）／防衛省防衛研究所『陸軍省大日記』「自大正12年 至大正13年 朝鮮軍参謀部発 朝特報ニ関スル綴」JACAR（アジア歴史資料センター）Ref. C06031236000

p.177　染崎延房編『朝鮮事情 下』（丁子屋忠七他、1874年）／国立国会図書館デジタルコレクション https://dl.ndl.go.jp/

p.186　「衡平忠南産業株式会社趣旨書」（1928年）／国史編纂委員会『京城地方法院検事局文書』「昭和三年自十月至十二月 思想ニ関スル調査書類二」（韓国史データベース〈国史編纂委員会〉https://db.history.go.kr/）

p.211　街頭でのインタビュー／徐知延・徐知伶撮影

p.218　衡平運動70周年記念国際学術会議（1993年4月、慶尚大学／韓国・晋州市）／出典：部落解放・人権研究所編『部落解放運動の歩み100項』解放出版社、2012年

p.219　衡平運動記念塔の除幕式（1996年12月、韓国・晋州市）／出典：同前『部落解放運動の歩み100項』

装丁図版

朝鮮衡平社第7回全国大会ポスター／国史編纂委員会蔵（京城地方法院検事局文書『思想ニ関スル調査書類二』）

全朝鮮衡平社第8回全国大会ポスター／法政大学大原社会問題研究所蔵

衡平社主旨（1923年4月）／部落解放同盟中央本部編『写真記録 全国水平社六十年史』解放出版社、1982年

『正進』創刊号表紙／韓国・雅丹文庫（現・玄潭文庫）蔵

編者

水野直樹

1950年生まれ。京都大学名誉教授、部落解放・人権研究所朝鮮衡平運動史研究会共同代表。京都大学大学院文学研究科博士課程修了。専門は朝鮮近代史。主な著作に、『生活の中の植民地主義』（編著、人文書院、2004年）、『創氏改名——日本の朝鮮支配の中で』（岩波新書、2008年）、『朝鮮衡平運動史料集』『朝鮮衡平運動史料集・続』（監修、解放出版社、2016年・2021年）などがある。

執筆者（掲載順）〈すべて朝鮮衡平運動史研究会会員〉

徐《ソ》知《チ》延《ヨン》（白丁史研究者）

矢野治世美（熊本学園大学准教授）

朝治 武（大阪人権博物館館長）

趙《チョ》美《ミ》恩《ウン》（成均館大学校 東アジア歴史研究所 責任研究員）

金《キム》仲《ジュン》燮《ソプ》（慶尚大学校名誉教授）

川瀬俊治（フリージャーナリスト）

渡辺俊雄（全国部落史研究会運営委員）

廣岡浄進（大阪公立大学准教授）

吉田文茂（高知近代史研究会副会長）

徐《ソ》知《チ》伶《リョン》（衡平運動史研究者）

八箇亮仁（全国部落史研究会会員）

竹森健二郎（全国部落史研究会会員）

割石忠典（芸備近現代史研究会会長）

友永健三（部落解放・人権研究所名誉理事）

駒井忠之（水平社博物館館長）

植民地朝鮮と衡平運動　―朝鮮被差別民のたたかい―

2023年４月25日　初版第１刷発行

編　集　**水野直樹**

発　行　株式会社 **解放出版社**
大阪市港区波除4-1-37 HRCビル3階 〒552-0001
電話 06-6581-8542　FAX 06-6581-8552
東京事務所
東京都文京区本郷1-28-36 鳳明ビル102A 〒113-0033
電話 03-5213-4771　FAX 03-5123-4777
郵便振替 00900-4-75417　HP https://www.kaihou-s.com/

装　丁　森本良成

印　刷　萩原印刷株式会社

ISBN978-4-7592-6230-8　NDC221　232P　21cm
定価はカバーに表示しています。落丁・乱丁はおとりかえいたします。

障害などの理由で印刷媒体による本書のご利用が困難な方へ

本書の内容を、点訳データ、音読データ、拡大写本データなどに複製することを認めます。ただし、営利を目的とする場合はこのかぎりではありません。

また、本書をご購入いただいた方のうち、障害などのために本書を読めない方に、テキストデータを提供いたします。

ご希望の方は、下記のテキストデータ引換券（コピー不可）を同封し、住所、氏名、メールアドレス、電話番号をご記入のうえ、下記までお申し込みください。メールの添付ファイルでテキストデータを送ります。

なお、データはテキストのみで、写真などは含まれません。

第三者への貸与、配信、ネット上での公開などは著作権法で禁止されていますのでご留意をお願いいたします。

あて先
〒552-0001 大阪市港区波除4-1-37 HRCビル3F 解放出版社
『植民地朝鮮と衡平運動』テキストデータ係

テキストデータ引換券
『植民地朝鮮と衡平運動』
6230

朝鮮衡平運動史料集

朝鮮の被差別民である「白丁」（ペクチョン）が、日本による植民地支配下で差別の撤廃を目指して組織した朝鮮衡平社（ヒョンピョンサ）。人間としての誇りをかけたその闘いの歩みを、一八〇点余の収録史料で再現した。日本と韓国の研究者による共同研究が結実した、画期的な史料集。

朝鮮衡平運動の新しい事実が次々とよみがえる！

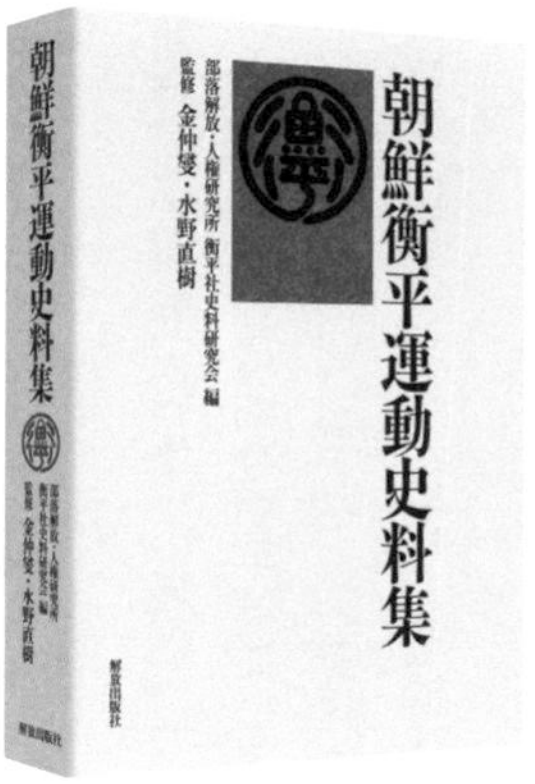

《主な目次と内容》

口絵　第七回大会ポスター（カラー）ほか

金仲燮「衡平運動の歴史の新しい理解のために」（訳 高正子）

水野直樹「収録史料 解題」

史料編

第一部　朝鮮衡平運動の概況

朝鮮総督府警務局・京畿道警察部史料ほか

第二部　京城地方法院検事局文書ほか

一九二三年　民情彙報（江原道警察部）ほか

一九二四年　創立一周年祝賀式、衡平社革新同盟ほか

一九二五年　創立二周年記念式、醴泉事件ほか

一九二六年　創立三周年記念式、思想要視察人連名簿ほか

一九二七年　衡平学友同盟、高麗革命党事件ほか

一九二八年　第六回大会、忠南大会会録ほか

一九二九年　第七回大会、「宣言、綱領、規約」ほか

一九三〇年　第八回大会、「ニュース」第一号・第三号ほか

一九三一年　第九回大会、衡平デーほか

一九三二年　財務委員任命ほか

第三部　大同社関係史料

軍用機献納運動ほか

関係地名地図／事項索引／人名索引／所蔵機関別出典史料一覧

編　者　一般社団法人部落解放・人権研究所
衡平社史料研究会

監　修　金《キム》仲《ジュン》燮《ソプ》（慶尚大学校人権社会発展研究所所長）
水野直樹（京都大学教授）

判　型　B5判　上製・函入

頁　数　540頁

発　行　2016年4月

定　価　20,000円＋税

発　行　解放出版社